北大版普通高等教育"十四五"规划教材

21世纪教师教育系列教材

初等教育系列

小学教育研究方法

王红艳　主编

北京大学出版社
PEKING UNIVERSITY PRESS

图书在版编目(CIP)数据

小学教育研究方法/王红艳主编. —北京：北京大学出版社，2019.4
21世纪教师教育系列教材. 初等教育系列
ISBN 978-7-301-30292-7

Ⅰ.①小… Ⅱ.①王… Ⅲ.①小学教育－教学研究－师资培训－教材 Ⅳ.①G622.0

中国版本图书馆CIP数据核字（2019）第034623号

书　　名	小学教育研究方法 XIAOXUE JIAOYU YANJIU FANGFA
著作责任者	王红艳　主编
责 任 编 辑	唐知涵
标 准 书 号	ISBN 978-7-301-30292-7
出 版 发 行	北京大学出版社
地　　　址	北京市海淀区成府路205号　100871
网　　　址	http://www.pup.cn　新浪微博:@北京大学出版社
微信公众号	通识书苑（微信号：sartspku）　科学元典（微信号：kexueyuandian）
电 子 邮 箱	编辑部 jyzx@pup.cn　总编室 zpup@pup.cn
电　　　话	邮购部 010-62752015　发行部 010-62750672　编辑部 010-62767857
印 刷 者	北京虎彩文化传播有限公司
经 销 者	新华书店 787毫米×1092毫米　16开本　11.25印张　190千字 2019年4月第1版　2024年12月第3次印刷
定　　　价	45.00元

未经许可，不得以任何方式复制或抄袭本书之部分或全部内容。
版权所有，侵权必究
举报电话：010-62752024　电子邮箱：fd@pup.cn
图书如有印装质量问题，请与出版部联系，电话：010-62756370

目　录

第一章　绪论 …………………………………………………………… 1
　　第一节　小学教育研究的性质与意义 ……………………………… 2
　　第二节　小学教育研究的类型与基本原则 ………………………… 5
　　第三节　小学教育研究的一般过程 ………………………………… 11
第二章　小学教育研究设计 …………………………………………… 16
　　第一节　确定教育研究问题 ………………………………………… 16
　　第二节　选取教育研究对象 ………………………………………… 21
　　第三节　选择教育研究方法 ………………………………………… 29
　　第四节　制订教育研究方案 ………………………………………… 30
第三章　文献的检索与利用 …………………………………………… 36
　　第一节　文献与文献研究的概念 …………………………………… 36
　　第二节　文献的级别 ………………………………………………… 37
　　第三节　文献的检索、阅读与撰写综述 …………………………… 38
　　第四节　文献检索与利用的案例解析 ……………………………… 44
第四章　教育调查研究法（上） ……………………………………… 50
　　第一节　教育调查研究概述 ………………………………………… 50
　　第二节　教育调查研究的类型 ……………………………………… 53
　　第三节　教育调查研究的一般过程 ………………………………… 56
第五章　教育调查研究法（下） ……………………………………… 64
　　第一节　问卷调查法 ………………………………………………… 64
　　第二节　观察法 ……………………………………………………… 73
　　第三节　访谈法 ……………………………………………………… 78

第六章　教育实验法 ··· 90
第一节　教育实验的基本概念 ·· 90
第二节　教育实验的基本类型 ·· 95
第三节　教育实验分组设计类型 ··· 97
第四节　教育实验的基本程序 ·· 104

第七章　教育叙事研究 ·· 107
第一节　教育叙事研究的概念及特点 ··· 107
第二节　叙事研究对小学教师的独特作用 ····································· 110
第三节　教育叙事研究的一般流程 ·· 111
第四节　教育叙事研究的注意事项 ·· 117

第八章　教育个案研究 ·· 124
第一节　教育个案研究的概念与特征 ··· 124
第二节　教育个案研究的优势和局限 ··· 127
第三节　教育个案研究的一般过程 ·· 130

第九章　教育行动研究 ·· 143
第一节　教育行动研究的概念与特征 ··· 143
第二节　教育行动研究的发展历程 ·· 146
第三节　教育行动研究与教师专业发展 ·· 147
第四节　教育行动研究的一般过程 ·· 148

第十章　教育研究结果的表述与推广 ··· 159
第一节　教育研究结果表述的意义 ·· 159
第二节　教育研究结果表述的类型 ·· 161
第三节　教育研究结果表述的一般步骤 ·· 166
第四节　教育研究结果的评估与推广 ··· 168

后　　记 ··· 175

第一章 绪 论

学习目标

1. 了解小学教育研究方法的性质和意义。
2. 区分小学教育研究方法的不同类型。
3. 掌握小学教育研究的一般过程。

本章简介

教育研究起源于人们对于教育活动有意识的、自觉的反思。新课程改革要求小学教师具备研究的基本素养和技能,能扎根于日常教学的实践,进行有针对性的研究工作。本章结合小学阶段的教育教学特点,介绍了教育研究的性质、类型与基本原则,通过简要阐述教育研究的一般过程和方法,促使准教师对教育研究的结构框架有深入了解,提高其对教育研究意义与重要性的认识,为今后从事教育研究工作打下良好基础。

教育研究始于人们对于教育活动有意识的、自觉的反思。早在古希腊时期,先贤亚里士多德就提出了研究事物的三种方法:完全归纳法、不完全归纳法和直觉归纳法,朴素的教育研究开始萌芽。1909年,芝加哥大学开设教育研究方法课程,教育研究开始作为一门课程被正式确认下来,而我国目前正走在建设教育研究学科体系的探索之路上,能够"掌握新的技能,通过研发来提高自己"的"教育的探究者、教学的研究者",是新课改对新时代教师角色的必然要求。我们必须认识到,教育研究正在成为教学的一种伴生行为。要促进小学教育的科学发展,就必须加强对教育问题的讨论和研究,革新原有的研究范式,进而促进教学方式和方法的不断更新。

我们日常所说的"科学研究",是指利用科研手段和装备,为了认识客观事物的内在本质和运动规律而进行的调查、实验、比较等一系列的活动,以为发明新产品和改进技术提供理论依据。广义的教育研究是人们在教育实践活动中对教育现象的观察和思考,对日常工作中产生的问题进行尝试性解答。狭义的教育研究即教育学研究,一般要求"有明确的研究目的,特定的研究对象,严密的概念、范畴和体系,多样互补的研究方法,并能完成教育学理论建设和实践应用两大任务"。① 换句话说,教育研究就是研究者通过研究来掌握或者增长新的认识,并将其转化为教学工作的实际效益。

教育研究的范围十分广泛,小学阶段的教育研究因其对象、方法等的特殊性,需要进行专门的知识学习与技术训练。本书将小学教育研究方法作为重点来进行讨论,以期为准教师和一线教师开展专业化、科学化的教育教学研究提供思路。

第一节 小学教育研究的性质与意义

在漫长的历史时期,教育研究的发展受到了多种因素的影响。19世纪,应机器化大生产对提高劳动效率的要求,教育研究由最早的经验概括走向了理论阐述的水平,并开始采用经典自然科学作为其方法论基础。然而在教育研究向科学主义靠拢的过程中,出现了诸多问题。研究者们开始发现自然科学的研究方式并不是普适性的方法,不能完全适应复杂多变的教育系统,进而回头转向人文社会科学领域开拓新的研究思路,教育科学研究逐渐走向整合化的发展道路。那么,具体到人文社会科学中的小学教育研究的性质是什么呢?

一、小学教育研究的性质

1. 小学教育研究是一种成人的研究

人的发展,从广义上来说是指个体从胚胎出生到死亡的过程,狭义的含义就是儿童成长的过程。小学是基础教育的重要阶段,首要关注的是儿童的成长问题而不是选拔尖子生。通过教育培养学生各方面的素质,促进儿童成长,这是"成人"教育的主要内容,也是一名小学教师工作的应有之义。教育部在《基础教育课程改革纲要(试行)》中明确指出:"各中小学教研机构要把基础教育改革作为中心工作,充分发挥教学研究、指导和服务等作用,并与基础教育课程研究中心建立联系,发挥各自优势,共同推进。"无论是开展什么性质、什么主题的教育研究,最终的目的都是为了改进教学工作,提高教学效率,促进人的成长。

教育研究关注儿童的成长,但也要注意广义的发展观,即促进人终身的发展。过去,社会对教师职业价值的认定主要局限于教师对社会做的无私贡献层面上,把教师比作红烛、春蚕、园丁……而忽视了教师自身教育生命的成长和发展,忽视了教师在劳动过程中的创造性和自我价值的实现,这种固有观念使教师丧失了思想自由与工作热情。21世纪的新教师,不再是机械的宣讲者、思想的跑马场,而应是学生发展的促进

---

① 孙俊三.教育研究的境界[J].教育研究,2005(11):11—17.

者、教育教学的研究者,是"有源头"的活水。所以,"成人"的教育不只是局限于小学生,更是对教师专业发展新领域的研究。这对于日后要走向教师岗位的小学教育专业学生和已经从事教学工作的教师来说,尤为重要。

2. 小学教育研究是一种事理研究

所谓事理研究,"既不像自然科学,是对人的外界物体之研究,以说明'它'是为什么直接服务;也不像精神科学,是对人的主观世界状态的研究,以说明主体'我'之状态、变化、性质以及为什么会如此等为直接任务。它以人类所创造的、所从事的活动为研究对象,即研究如何提高活动的合理性、效率、质量和水平。"[①]比如研究者探索如何提高农村小学的教育质量,可以通过观察、访谈、问卷等方法发现某地农村小学的现状进行科学分析,并作出针对性的调整建议。以往日常的教育教学反思,多半是零散的、浅显的、私密的,教师即使是有目的地改进教育工作,往往也只是停留在对经验的简单总结和再现上,对于"为什么这样做""其他条件下还能这样做吗"等问题的思考不足,难以将好的教育经验进行推广和迁移,最终只能限于局部区域内的一个"典型"。自己讲不清楚,别人也学不来。这种较低层面的经验总结,多是在"试误"后的偶发性成功,尚未形成普适性结论,其作用也比较有限。

在科学理论引领之下的教育反思,要求教师具备研究意识,能够系统、深刻、公开地对教学工作进行整理和分解:从较低层次的直觉观察阶段,对活动的直接描述,进展到探索原因阶段,审视事物发生、发展的原因;再过渡到迁移推广阶段,能根据自己和他人的研究结果,再现和内化教学活动的精华;最后,能够将研究结果升华到理论水平,通过与理论的对接,有针对性地指导自己的日常工作,这是新时代小学教师专业能力的最新体现。

3. 小学教育研究是一种行动研究

行动研究是20世纪50年代之后国际上兴起的新思潮,与传统的理论研究相比,其以改进实践为主要取向,是实际工作者用科学的方法对自己行动的研究。

与学术性的专家有所不同,小学教师是具有鲜活经验的一线实践家,小学教师做研究其实就是研究教师自己的生活,认识自己的工作,边研究边实践,而这就是开展行动研究。高校小学教育专业的学生应该不仅是实践家,更是"学院派",在进行研究时逐渐将自己所学理论融入研究、指导研究工作,从而取得事半功倍的效果。

本书针对入职前后小学教师的研究需要,有选择性地采用了一些经典案例,并辅之系统的研究技能训练,以期能够为小学教育专业学生专业学习和小学教师的教育研究工作提供参考。这些典型案例中蕴含着一些值得借鉴的研究思路和方法,可以为不

[①] 叶澜.教育研究方法初探[M].上海:上海教育出版社,1999:323—324.

同课题研究提供追踪的脉络,互通有无。深入地研读这些案例也可以帮助读者掌握适合自己特点和符合研究需要的技巧,并尝试使用科学的方法进行研究。

二、小学教育研究的意义

21世纪以来,随着教师数量的不断增加,市场需求似乎出现了饱和和疲软的态势,但实际上高质量教师仍然是处于供不应求的状态。苏霍姆林斯基说过:"如果你想让教师的劳动能够给教师带来乐趣,使天天上课不至于变成一种单调乏味的义务,那你就应当引导每一位教师走上从事研究这条幸福的道路上来。"教育的意义就蕴藏在研究之中。

1. 教育研究是促进理论更新的重要动力

当代社会的快速发展,科技的日新月异,改革的不断深入,都对教师的知识水平和教学技能提出了新的挑战。研究是不断建构新知识的过程,通过接受和主动学习科学的知识,教师的观念领域不断发生着深刻的变化,促使主体能够积极主动地参与到改革的队伍中。一方面,教育研究不仅限于学校内部教师个体的研究行为,更可以敦促地方教育主管部门了解区域整体情况,根据当地特色调整改革的侧重点和施力方向,从而充分发挥理论促进教育整体局面改变的动力作用。另一方面,通过教育研究,广大小学教师能够及时根据教育对象、教育要求和自身发展的特点,理性分析和理解教育问题,较快地熟悉、内化相关的政策和方针,落实到行动中去。对于已经参加工作的小学教师来说,要想与时俱进,必须增加关于研究的知识和理论,才能有针对性地开展研究;而对于小学教育专业的学生来说,除了一些简单的、浅显的研究方法的认识,其作为未来教育改革的主力,更应该接受高级的、系统的专业训练。

教育家陶行知在晓庄师范进行了"生活教育"的实践,与师生共同参与劳动、共同生活。在教育与生产劳动的结合过程中,陶行知将杜威的教育理论加以改造,形成了中国化的"生活教育"理论,提出了"生活即教育""社会即学校""教学做合一"等主张,这是教育研究促进理论发展的有力体现。中小学的许多教育问题具有典型性和示范性,只有在不断进行教育研究的过程中,人们才能不断反思教学过程,将研究作为教学的自然行为,对已有教育理论进行修正和重构,从而使教育知识不断扩充,指导教育教学工作不断完善。

2. 教育研究是推动实践变革的基本途径

教育研究的首要目的是为了改进教育教学工作、解决教育问题。教育科研是教育改革与发展的第一生产力。在教育领域贯彻落实科学发展观,需要我们探索新的教育科研工作思路,真正发挥教育科研服务教育实践的作用,逐步提高教育改革的科学含量。教育情境具有不可复制性,每一个教育的过程都不可能收回重来,这就要求准教师应养成严谨的工作态度,从现在开始关注突发的、偶然的、矛盾的问题,同时也关心日常中的点滴小事。在尝试错误和写作反思中,准教师将观察能力锻炼为行为能力,研究问题、解决问题、升华问题,创造出个体的教育观念,进而在走向工作岗位后能够形成独特的教学风格。

教育研究推动实践发展的作用还体现在加快教育改革上。教师是教育过程的主导力量,是教育改革成功与否的关键,因而教师的素质直接决定着基础教育的质量。长期以来,我国的师范教育着重对师范生进行规范性和技能性训练,轻视研究能力的培养。小学在职教师以传授知识为本位,淡化对教育教学的反思和研究,在某种程度上遏制了我国基础教育健康科学的发展。教育研究通过对教育现象的观测、控制与探究,促进教育行为的科学化,推动教育改革的前进,已经成为广大教师参与改革的重要内容。

3. 教育研究是拓展教师发展的主要方式

"蜡烛""粉笔"等词语一直以来都是形容教师奉献精神的赞誉之词,然而随着时代的变化,我们需要的不再仅仅是"拼命"的教师角色,更需要的是懂得让教育效果最大化的新型教师。社会的快速发展,"终身化学习""学习型社会"的出现使得知识的容量剧增,对教师素质的要求也越来越高。

"师者,传道授业解惑也",但自我学习应该是教师发展的核心要义,当今的教师角色已经不仅仅停留在传授知识的层面上,更重要的是要常教常新。通过学习研究的理论和方法,准教师们培养了自身发现问题的能力、分析问题的态度、科学的研究方法以及良好的学习习惯,而学会学习、面向未来恰好是当代教育的精髓,符合了终身学习的发展要求。新型教师应该摆脱陈旧的"教书匠"观念的束缚,提高反思能力,具备教育科学研究意识,掌握学习、研究的技能和方法,形成对教学积极的情感体验。深刻认识到与孩子在一起的每一个情境都是教育的情境,在自己的行动中有理性地工作与生活,不断更新与改进自己的素质和教学工作,以适应改革和社会发展的需求——这是教育研究赋予教师的新的生长方式,也是教师专业发展的必经之路。

第二节 小学教育研究的类型与基本原则

一、小学教育研究的类型

目前,较为有效的教育研究分类方式有以下四种。

1. 基础研究与应用研究

按照研究的目的不同,教育研究可分为基础研究和应用研究两种类型。

基础研究主要是出于增加知识、提高认识的目的，关涉的是一门学科中的基础问题，其作用不在于改变操作行为，而是使教师对教育的认识更加清晰、更加完善。

应用研究，顾名思义就是为了"应用"到实践中去，关注解决实际教育教学工作中产生的问题，或是为了加深对现行教育活动特点和问题的了解，或是为了寻找解决问题的思路和方法，或是为了评价某种行为的适切性，或是科学地指出未来的发展方向，种种皆可以落在实处。按照在实践中的不同目的，应用研究又可以分为现状研究、发展研究、评价研究和预测研究四类。

从目的性上来讲，应用研究更加注重解决某类实际问题，如开展试点研究，验证某种方法是否可以有效地应用到学校教学中，进而将其普及到更多的学校教学情境中。而基础研究则把探究某种科学认识作为第一要务。比如针对"学习障碍"这同一主题，进行基础研究，可以是比较和述评国内外学习障碍研究的历史、分类和现状，梳理相关理论的发展，如《国内外学习障碍研究的探索》[①]；应用研究则是针对学生学习成绩，提高教学效率而开展的教学策略的探索，如《儿童学习障碍的表现特征及教育对策》[②]。而对于目前仍在高校继续学习的师范生而言，既可以在实习实践中以小学生为研究对象进行上述研究，也可以针对日常学习、生活情境中的问题，提出诸如大学生婚恋价值观、师范教育培养方式探索等研究议题，通过实地研究来提高自己的研究水平。

归结而言，基础研究偏向于"理论"方面的总结，不关注其新生的理论成果在实际中运作的效果如何；而应用研究则必须落脚在改造现实世界，是切实产生了某种效益。两种研究方法无优劣之分，也没有"形而上"和"形而下"的区别，划分的依据只是研究者的研究出发点不同而已。理论性研究是基础，应用性研究离不开理论的支持，两种研究可以相辅相成。

2. 定量研究与定性研究

按照研究的性质不同，可以将教育研究分为定量研究和定性研究两种。

定量研究重点是"量"的罗列，通过开展较大规模的研究，来总结某种普适性的规律，但由于受到研究条件和时间的限制，一般只能得出较浅层次的结论。

定性研究是基于描述性的研究，有时也被等同于为质性研究。[③] 其主要关注的是教育活动的本质和意义，强调对特殊情境下教育活动的深度挖掘，对具体事件进行讲述、叙事和深描。定性研究比较关注研究对象的心理、行为等个体或群体特征，探求教

---

① 梁威.国内外学习障碍研究的探索[J].教育理论与实践，2007(11)：57—60.
② 牛秀平，张艳芬.儿童学习障碍的表现特征及教育对策[J].教育理论与实践，2003(8)：59—60.
③ 关于定性研究与质性研究的区别与联系，不是本书讨论重点。读者可参考中国教育报《质的研究与定性研究之区别——访北京大学陈向明教授》一文。

育产生、发展的内部动力,追寻教育的意义,从而为研究结果的解释和理论的构建提供依据。其研究样本一般不大,是从"点"深入,由个别到一般的归纳过程。

定性研究尤其关注事物或事件置于特定情境中时,人与人发生的相互作用,多见于历史性的、人种学的研究。而较为典型的定量研究则是采用调查或实验等一些标准化的程序考察数据上的变化。虽然定性研究和定量研究在研究的着力点存在不同,但并不是说定性研究就排斥客观的数据,定量研究就不需要深层次的描述与思索。理想的研究或许是在结合这两种研究方式的基础上,研究者统照理论的指引,以整合化的思维综合多种方式、方法来进行探索。

3. 实验研究、描述研究、历史研究、比较研究和理论研究

按照一般方法论的不同,教育研究可以分为实验研究、描述研究、历史研究、比较研究和理论研究。

实验研究主要运用人为手段在某一特定情境下对某一变量进行控制和干预,以验证研究者提出的研究假设。一般情况下,真实的教育情境中不存在精准的"真实验",而是相对客观的准实验。"假设一个研究者想要测试一项教学计划在数学测试中解决6级运算逻辑问题的效果。整个过程是:以10周为期限,对实验对象每天进行半个小时解决逻辑问题的教学。按照严谨的实验要求,需要随机划分6种水平的班级,但由于在真实情境中难以达到这种要求,所以对目前现有的8个自然班进行教学计划,另外8个班作为对照组。10周后,对这16个班进行普通数学概念的测试。"[①]在此研究中,研究者采用了教育实验法,设立了实验组和对照组,运用一定的测试方法对实验对象进行了后测,并通过SPSS数据统计软件分析所得数据,以事实说明该计划对儿童解决6级运算逻辑问题的重要作用,具有较强的说服力。

描述研究是"通过问卷、调查、访谈、观察及测验等手段收集资料、验证假设或者回答有关现时研究的问题"[②]。如对某个教师的教学进行个案研究,一般要采用跟踪调查、使用课堂观察表等。

在历史研究中,由于研究者不可能重回过去、体验真实情境,所以进行研究时是利用文献或者资料,批判性地探究和重建过去,其重点是对过去进行描述。如对小学某科目的历史脉络和发展进行研究。

比较研究是以有相互关系的事物或现象为研究对象,探究两者间的区别和联系。如关于集中识字与分散识字的比较研究,中美教师准入制度的比较研究。

理论研究是对"复杂的教育问题的性质和相互关系,从理论上加以分析和综合,抽象和

---

① [美]维尔斯曼.教育研究方法导论[M].袁振国,主译.北京:教育科学出版社,1997:18.
② 裴娣娜.教育研究方法[M].合肥:安徽师范教育出版社,2011:11.

概括,以发现其内在规律或一般性结论"①。理论可以解释现象、预测未来,并且将相互关联的概念、定义和命题组织在一起,增加研究的普遍适用性,从而被更多的人认可或接纳。

4. 价值研究和事实研究

按照研究视域的不同,教育研究可以分为价值研究和事实研究两种。

教育领域存在着两种基本问题,一是价值问题,一是事实问题。关于这两种问题的不同研究就形成了两种不同的研究类型。价值研究关心的是"应该是什么"的问题,是讨论现行教育问题背后的意义问题,也是研究者自身价值立场和目的的体现。如《大学创业教育价值研究》中,"以价值哲学为研究视阈进行较为系统的创业教育问题研究,主要包括创业教育需要有价值支撑和提升,创业教育价值的含义,创业教育价值实现等,以及多维度研究创业和创业教育的本质、内涵、价值、意义"②。

事实研究就是从事实出发研究教育活动"实际是什么",是一种实然状态,即对符合客观条件的教育状态、现实情况的阐述。这要求研究者本着客观求是的态度,从科学研究的角度收集和整理数据;遵循教育运行的规律,仔细辨别和分析事物之间的联系与区别;通过具体的观察和测量对事物开展直接的描述,尽量避免自身价值立场对研究带来的消极影响。

综上,小学教育研究的诸种类型可以如表1-1所示。

表1-1 小学教育研究类型表

划分依据	类型	区分点
研究目的	基础研究	增加知识,提高认识,不在于改变操作行为
	应用研究	"应用"到实践,解决实际问题
研究性质	定量研究	"量"的罗列,形成普适性的浅层的结论
	定性研究	基于描述性的研究,强调深度挖掘事件的本质
一般方法论	实验研究	通过对某一变量的控制,验证已有的假设
	描述研究	通过问卷、调查等手段收集资料,验证假设或回答现实问题
	历史研究	利用文献或者资料,对过去进行描述
	比较研究	探究有相互关系的事物间的区别和联系
	理论研究	从理论上分析复杂的教育问题,得出一般性的结论
研究视域	价值研究	讨论教育现象背后的意义性问题,体现研究者的价值立场和目的
	事实研究	对符合客观条件的教育状态、现实情况的阐述

---

① 裴娣娜.教育研究方法[M].合肥:安徽师范教育出版社,2011:12.
② 林文伟.大学创业教育价值研究[D].上海:华东师范大学,2011:4.

二、小学教育研究的基本原则

1. 复杂性原则

教育活动自身是存在一定规律的,在对教育规律性的认识上人们达成了一定的共识。但由于在参与教育活动的过程中,人们会把自己对生活意义的理解,对理想社会的要求都融入其中,形成自己的教育观念,从而影响和规范着人的发展。因而,教育研究方法不是建立在确定性意义上的科学研究方法,教育内部各要素之间的相互变动关系、教育质与量之间的规律,是难以严密控制的。所以教育研究不是一门严格意义上的科学,它与自然科学研究是有区别的。历史上曾有研究者试图把教育研究纳入科学的规范性研究,认为教育研究就是一种科学研究。例如,泰勒在进行课程编制的过程中,就试图将教育这一复杂事实还原为简单的组成部分,以期通过相同的步骤实现教育对象的重复培养。但事实证明过于简单化的步骤显然不符合教育自身复杂性的特点,加工出来的是"机器人"而不是具有多样性的人才。

教育科学研究与自然研究的主要区别,首先就是体现在两者的复杂程度不同。自然科学追求客观性,强调探究一种普适性和确定性的规律,其数据在一定条件下可以进行"再现",甚至只要出现细微的差别,都意味着一种新发现的萌生。而教育科学研究涉及诸多因素,尤其是具有多变、易调、丰富性的人的参与,往往使得研究具有不确定性和复杂性,对于同一现象或活动的教育研究往往会出现不同的研究结论。

2. 科学性原则

教育科学研究虽然要求研究者本着客观公正的态度来开展工作,但在实际的运行过程中,无法达到自然科学实验的精准控制标准。尤其是研究的主体和客体都是人,而人本来就是主动性和能动性的存在,难以避免个人的情感倾向、价值取向对研究产生影响,无法真正做到价值无涉。

坚持科学性的原则,要求研究者关注理论和实践中真实存在的问题,坚持客观的态度,采用科学的研究方法。要求:第一,问题的提出要考虑到小学生心理发展的水平和所处年龄的阶段特征,遵循教育规律,符合客观实际。第二,一切以客观真实的事实为依据。资料必须真实可靠,必须严格查证和核实。要防止"想当然"的主观念头,更应避免为了研究需要人为地取舍材料。第三,全面地收集资料。我们必须正视研究对象即学生个体间的差异,并积极探索产生差异的原因,从而及时对研究方案进行修正。尽量避免自己的价值立场对研究产生的消极影响。第四,研究的过程和结论要客观、严谨。研究中的操作过程也必须依照严格的步骤进行,不可随意变动。前后研究得出的资料数据要经得起重复的验证,而不是"偶然"得来的产物。在解释研究成果时要谨慎,坚持公认的原则和概念,反复核实研究资料、进行精密计算,要做到有理有据。

3. 伦理性原则

小学教育研究的研究对象——小学生——有其特殊性，具有发育不成熟、心理脆弱、易受影响等特质。这要求我们在进行研究时遵守国家的法律法规和尊重儿童的身心发展规律，要根据伦理的需要遵守必要的道德原则。

第一，要以事实为依据，谨慎地开展研究。在确定研究课题时，不能随意照搬或是翻新已有的名词，要针对自己教育教学实践中真实发生的事件抱有问题意识。不能为追求达到某种效果，而随意捏造研究数据和事实。

第二，在教育研究中应保证研究结果在发展的趋势和方向上一致，不强求前后数据的一模一样。得出研究结论后，要详尽说明研究结果的适用范围，并且说明推广应用的条件。在学习他人经验时，也要提醒自己保持批判辩证的态度，根据自己的教学风格、学校环境、学生特点进行适时调整。

第三，要充分尊重和保护研究对象的各种正当权利，尤其是要重视小学生的人身安全和隐私权。尽可能避免对研究对象带来伤害，一旦预期到危害的发生必须立即停止研究，防止伤害扩大。有些研究者认为小学生年龄小，很多事情都"不懂"，就可以随意调配研究对象。其实不然，任何妄作的研究都将会影响儿童一生的发展，留下难以磨灭的心理阴影。所以，在进行研究时，要用通俗易懂的语言向儿童说明研究的目的和方法、需要他们参与哪些内容的工作；谨慎实施有可能会对学生发展产生不良影响的实验，多采用观察和访谈等调查方式；小学生心智发展和判断力发展不完善，在进行研究前要争取学生和家长两方面的同意和认可，最好签署书面文件。

4. 理论联系实际原则

由于先天优势，小学教育专业的学生和小学教师一般都能够接触到较为丰富的教学情境，这为开展实践研究和反思提供了有利条件。而目前，许多教师现有的知识水平已经无法适应快速发展的教育实践需要，来自教育改革与学生发展领域的新情境、新问题不断对教育者提出新要求，而教育研究是促进教育创新，提高教育质量的重要方式。教师不应满足于知晓客观知识的答案，更应执着于如何将知识更为有效地传递给学生。教师应在课余及时给自己充电，通过学习先进的教育理论来指导自己的教学行为。将学习变为"常态"，这是理论联系实际的第一个体现。

方法的精致程度往往决定了理念的精致程度，选择、理解某种教育理论，决定了教师进行研究的思路和方法。零散的日常反思已经无法指引专业发展的新方向，课题引领下的教学探究能够及时将一些假设和命题在实践中进行检验，从而对理念进行验证和改变以适应真实的教育情境，方便优秀教育经验的完善和传播。这是理论联系实际的第二个表现。

小学教育研究以小学阶段的教育教学工作为立足点，研究对象是广大的小学生和教师自己。小学教师不仅要做位居一线、开展教育教学工作的"实践者",更要做不断学习、用理论充实自己并指引自己前进的"学者",进而成为理论联系实际的"思考者",最后达到推动改革的"改革家"的理想境界。将理论与实际在研究的过程中不断结合,最后统一于教师的专业发展,这是"理论联系实际原则"第三个也是最主要的表现。我们鼓励准教师和教师们从事更多的教育行动研究,将行动与研究、理论与实践进行有机的沟通。

第三节 小学教育研究的一般过程

一套完整的教育研究需要经历三个阶段:准备阶段、实施阶段和总结与评价阶段。千万不要认为这三个步骤就是固定的。也就是说,"教育研究是有系统的,在一个大的框架内遵循着科学的方法步骤。但是,不同的研究类型在如何完成这些步骤上存在着较大弹性"[①]。一般来说,教育研究的过程包括以下三个阶段的内容和要求,如表1-2所示。

表1-2 教育研究的重要阶段、活动内容及要求[②]

主要阶段	活动内容	基本要求
准备阶段	选择课题 查阅文献 提出假设 制订方案	慎重、周密
实施阶段	搜集与分析资料、形成科学事实 分析事实与旧有理论	尊重事实 有批判、有突破 观点与材料一致
总结与评价阶段	撰写研究工作报告 鉴定和评价结果	总结反思 着眼未来研究

一、教育研究的准备阶段

1. 研究课题的选择与限定

确定课题是进行研究首先要解决的问题。选择的课题要反映真实存在的教育问题,具有一定的研究价值;要注意符合逻辑,表述要恰当正确;要有独创性,是对已有研究的拓展和延伸。教育研究的第一步就应该根据研究的目的确定课题。

---

① [美]维尔斯曼.教育研究方法导论[M].袁振国,译.北京:教育科学出版社,1997:5.
② 杨小微.教育研究的理论与方法[M].北京:北京师范大学出版社,2008:69.

选题的来源可以包括以下三种：一是实践操作中产生的疑问。研究者对某个有意义的问题进行持续的关注，进而寻找切入点。比如某小学教师意识到学生"不注意听讲"，想出来用"同学们，注意！小眼睛看老师——"的方法提示学生集中注意力。这是从实践中发现了问题，但这个解决方法只是教师日常的暂时性的应对策略，是出自以往的教学经验，还算不上系统的研究。如果教师发现这个法子不是时时奏效，遂深入思考课程的开发、教学的设计，主动调整教学策略，由原来的强调学生"注意听讲"到"引导学生主动学习"，由此"如何促进学生提高注意力""如何有效引导学生自主学习"就被设计为一个课题了。① 二是来源于社会、个人发展和教育改革的需要。如地区教育公平、职业教育的均衡发展等。小学教育研究者也可以从有关部门提供的课题指南中选题。三是来源于已有研究的支持和研究者自身的前期准备。此外，研究的客体条件，如经费的支持、人员的构成、设备的准备等也会影响到研究课题的确定。

2. 查阅文献

在整个教育研究中，无论研究属于哪个层面、进展到哪个阶段，都要在全程进行文献检索，以不断修正研究的方向，为研究结果的论证提供背景材料和论证依据。在这里，通过不断地重复"文献检索——选题——文献检索"的步骤，研究者可以进一步限制和确定自己的课题，为指导研究建构起相应的行动参照系。

3. 提出假设

教师要留心观察日常教学实践中的问题，养成"问题"意识，对于日常出现的问题，进行有目的的考察与设计。经过前一步的文献检索，研究者提出具有针对性和科学性的研究假设，准确地表述研究课题并按照目标选择恰当的方法，而最终研究结果的形成也就是在研究中通过证明或者证伪假设而获得的。

4. 设计研究方案

一个完整的研究方案的内容包括：选题的论证，研究思路和主要内容的设计，研究方法的选择，研究阶段的设计和研究条件的分析等。

（1）选题的论证。首先是阐述问题的缘起，即"为什么选择这个课题"，主要是分条梳理一下选题的来源。说明自己的研究是产生于真实的需要，不是凭空臆造出来的。其次是进行文献综述。在撰写文献综述的过程中，研究者将通过某种检索方法查阅到的若干有代表性的作品进行介绍，了解其他研究者在本领域内已经做了和正在做哪些研究，在述评的基础上提出自己的研究方向，以说明本研究的针对性和创新性。最后，说明一下研究的价值，一般包括理论上和实践上两方面的价值。

（2）研究思路和主要内容的设计。将研究中涉及的主要概念和术语进行明确地界

---

① 刘良华.教育研究方法：专题与案例[M].上海：华东师范大学出版社.2007：5.

定,对抽象的名词尽量使用学术界公认的解释,或是自己确定一个概念并一以贯之;对如何测评研究的效果也要给出明确的标准,即给出一个可操作性的定义。研究者还要对研究课题进行有层次、全方位的分解,形成几个子课题,方便自己一步步开展研究。

(3) 研究方法的选择。确定研究方法,这是研究设计的一个重要组成部分。第一,确定研究的类型是基础研究还是应用研究,只有明确该项研究的类型,才能选择出最佳的研究方式和分析手段。第二,根据不同的教育研究课题和目的选择合适的研究对象和方法。第三,说明采用本研究方法的原因,表明该方法的适切性,如某种研究适宜采用访谈、问卷调查还是心理测验等。第四,进行研究工具的设计和具体实施步骤的设计,并在现有测量标准和体系的基础上择录重编。第五,说明研究资料搜集和整理的方法。不同的研究方式有着不同的程序、要求和收集分析资料的方法,在注意每种方法的独特性的同时,还要注意它们彼此的联系和沟通。

(4) 研究阶段的设计。将每一阶段的研究目的、研究进程和人员分工、材料安排都进行明确的划分,确保研究的顺利进行。

(5) 研究条件的分析。人员构成如何,是否能够组成较好的研究人员结构,合理划分组织支持者、理论指导者、实践调研者的任务;相关的资料、材料准备是否恰当;经费预算和来源如何等。

二、教育研究的实施阶段

研究方案制订好之后,研究的方向和大体步骤就基本确定下来了,研究者的工作也可按计划推进。当然,研究方案不是一成不变的,也要根据研究所需和进展情况及时进行调整。

1. 收集资料

研究者应根据研究的目的和任务收集材料,不能在随意和无准备的状态下进行。可以综合利用多种方法,并且在研究过程中根据目的适当组织和控制。比如,按调查方式的不同,调查分为问卷调查、访谈调查和测验调查几种,对应的调查工具可有调查问卷、访谈提纲、观察记录表和测验量表等。而问卷调查中的抽样调查又可分为简单随机调查、分层随机抽样、等距随机抽样、整群随机抽样四种。"条条大路通罗马",研究者要根据自己的研究需要选择最适合的研究方式,反复思考研究的方法是否适用,测验的信度和效度如何,是否检验了假设中涉及的有关变量,对影响研究结果的无关变量是否进行了分析并控制,数据分析是否正确、是否有误差等。

2. 整理材料

在进行研究的初期,研究者要广泛收集各种材料,并进行整理存档,以免最后分析时无资料可用(开展二次调研往往困难较大)。在占有大量资料的基础上,研究者要有目的地进行筛选,把原始资料中虚假、短缺、冗杂的资料剔除,挖掘有价值、与研究课题具有直接关系的、最反映实质的内容。比如在调查研究的资料回收阶段,对于残缺不全的、雷同的、答案过于规律的问卷都要予以剔除,有效回收率在70%以上才能认为这次调查比较具有参考价值。其次,对资料数据进行整理分类,运用比较法鉴别出资料内容的共同点和差异点,从而进行进一步的筛选和综合。

3. 分析结果

不同的研究方法适宜使用不同的研究工具,最后得到的研究数据的呈现方式与分析方法也不尽相同。如调查问卷多是出于了解某一普遍问题的目的,调查范围较广,所以一般采用SPSS数据统计;对于小范围研究对象的访谈,一般是使用文字记录和录音,最后进行转录和整理分析;对于文献资料,要进行二次加工和深度处理;而像测试量表的各选项都是事先进行了赋值和编码处理,我们将数据录入计算机中,就可以大大提高分析的效率了。

三、教育研究的总结与评价阶段

1. 研究结果的呈现

研究结果的最终呈现形式没有统一要求,既可以是学术论文、研究报告,也可以是教育专著、教育散文集、教学用书、案例集等。一般文字性的研究结果有着相对严格的格式要求,包括以下几个方面的内容。

① 题目。开门见山,界定准确,字数控制在20个字之内;可添加副标题,将研究的对象、研究方法、整理资料的方法或者是某个方面的创新点明确标识出来。② 摘要。中文摘要100~300字左右,简要表述研究的背景、目的、对象、方法、结论等内容,让读者能够快速了解整篇文章的主要内容。③ 关键词。3~5个关键词,将研究的中心语词按照文中出现的先后顺序或者主次关系予以罗列。④ 正文。详细地叙述整个研究的过程。要求论证时充分占用材料,力求科学、严密。结尾及时对本次研究进行总结和评价,既要对研究过程的科学性程度进行评估,也要对研究目标的实现程度及其理论和实践价值作出判断,并说明进一步研究的空间,促使研究成果能被社会所认可,进而发挥其应有的价值。⑤ 参考文献。主要列举正文引用过的一些文献资料,包括各种文章、书籍、研究报告,以尊重原作者的著作权,便于作者查找校正或用于读者扩展阅读。⑥ 附录。提供正文中不便详尽交代的研究工具和手段,比如调查问卷、访谈提纲等。

总的来说,在进行结果呈现时,研究者需要将全面论述和重点深化相结合,对研究成果进行清晰简洁地呈现,以事实说话而不是靠晦涩难懂的理论条文去阐述。

2. 教育研究结果的评估与推广

当研究者掌握了教育研究的基本方法和技术,就可以结成教研小组,在校内、校外多个平台进行交流与评价,从而将研究成果推广至群体中,让更多人参与分享和评价。通过对整个教育研究过程进行评价,实现有效地诊断与改进,进而加快将教育研究成果应用于教学实践的速度,这对于提高小学教师和准教师的研究能力来说意义重大。

以上是教育研究的三个阶段,我们有选择性地强调和讲述了几个方面的重点内容。对于学习和借鉴本书的教师和在读学生来说,开展研究是一个创造性的过程,不是千篇一律的。所有的书籍、指南都应该是参考,而非"照着做的模板"。这一点需要每一位研究者谨记。尽管如此,本书后面的章节还是按照研究的逻辑顺序进行编排:先是研究设计,然后是文献检索环节,随之平行介绍所选择的研究方法,最后是研究结果的总结与评价。如表 1-3 所示,以供读者翻阅参考。

表 1-3 本书的章节安排

教育研究的一般过程		
准 备	实 施	总结与评价
第二章 小学教育研究设计 第三章 文献的检索与利用	第四章和第五章 教育调查研究法 第六章 教育实验法 第七章 教育叙事研究 第八章 教育个案研究 第九章 教育行动研究	第十章 教育研究结果的表述与推广

 **知识要点**

1. 小学教育研究的性质、特点与意义。
2. 小学教育研究的基本原则。
3. 小学教育研究的一般过程。

思考与练习

1. 谈谈教育研究对于小学教师的价值。
2. 围绕教学实践中的某个问题,写出研究的一般步骤。

第二章 小学教育研究设计

学习目标

1. 了解小学教育研究设计中确定问题、选定对象、选择方法以及制订方案等基本流程。
2. 掌握"抽样"的概念,明确"概率抽样"与"非概率抽样"概念及其各自的适用范围。
3. 知晓选择教育研究方法时的基本原则。

本章简介

在小学教育研究中,如何选择与设计研究问题,对整个研究来说至关重要。一项好的研究设计不仅涉及研究问题的确定,更涵盖了研究对象的选取、研究方法的选择以及研究方案的制订等一套比较严格的程序。通过本章的学习,学习者需要掌握教育研究问题的特点,了解教育研究问题的来源及确定过程,学会选择合适的研究对象,确定研究方案并据此开展教育研究。

教育研究始于人们对于教育活动有意识的、自觉的反思。既然我们已经认识到教育研究的性质是"有意识的""反思性的",那么与其他教育研究一样,小学教育研究的顺利开展也同样需要研究者进行周密、详尽的计划和设计。一般而言,要进行某项教育研究,研究者需要从问题、对象、方法等角度综合考虑,制订出相应的研究方案,并有条不紊地依照方案进行研究。因此,本章将按照教育研究的以下四个阶段,即:确定教育研究问题、选取教育研究对象、选择教育研究方法、制订教育研究方案来展开,帮助读者理清思路,以便为小学教育研究设计出一份切实可靠的蓝图。

第一节 确定教育研究问题

近代著名教育家陶行知先生曾这样写道:"发明千千万,起点是一问。禽兽不如人,过在不会问。智者问得巧,愚者问得笨。人力胜天工,只有每事问。"问题是人们从未知走向已知的必经之路,有困惑,才有进步。从性质上来看,教育研究即是发现教育问题、分析教育问题、解决教育问题的过程。因此,要做好一项研究,首要一环就是提出和确定问题。在教育研究的过程中,研究问题的提出与确定是进行教育研究的第一步,并且是关键性的一步,它不仅决定研究者现在和今后科研工作的主攻方向、目标与内容,而且在一定程度上规定了科学研究所采取的方法与途径。一个有创见、有意义的问题的确定,对教育科学的发展也将起积极作用。

既然问题是一项研究的源泉,那么问题的确认就需要经过研究者审慎地判断与思考。总的来说,研究问题的确定大致要经过发现、分析、确认三个环节。即研究者首先要在多如牛毛的各类教育现象中发现自己有所倾向的"着力点",发现问题、提出问题,而后根据研究的价值和可行性对所研究的问题做出分析、评价和预测,最终依据数据和经验,再综合判断所提出的问题是否是"真"问题,能否据此开展一项"真"研究,以此确定研究问题。

一、发现问题

现代社会的每个人都离不开教育,生活中处处都有教育的痕迹。由于教育现象纷繁复杂,要进行教育研究,就应当拨开云雾见日月、透过现象看本质,从教育现象中发掘有价值的教育问题。所谓问题,一般是指处于事物关节点上存有的矛盾之处。任何一项科学研究,无一不是始于对问题解决的渴求,而终于问题的解决。可以说,问题是科学研究的起点和归宿。教育研究亦是如此。

从类型上看,问题可以是永恒的,也可以是暂时的;可以是能够获得最终答案的,也可以是没有确定答案的。例如,自教育成为社会领域中一项重要的组成部分起,人们一直在积极探寻教育与人的发展之间的关系,若教育对人的发展有影响,那么应起多大的影响。时至今日,教育者仍对此孜孜追求,这便是永恒的问题。再如,随着城乡经济发展水平不断拉开差距,越来越多的农民选择进城务工,这时留守儿童的教育状况便成为一个时代性的教育问题。但随着经济的进一步发展,留守问题将会被逐步解决,也就不再存在留守儿童的教育问题。

就其来源来说,也是多方面的。教育问题的来源,既可以源自实践,也可以源自理论学习和研究;既可以来源于有关部门的课题,也可以来源于研究者个人的兴趣。

1. 实践面临的问题

教育是一种有目的的培养人的社会实践活动,这是教育的本质特征,因此也决定了在教育实践过程中,尤其是学校教育实践过程中,会遇到各种各样的实际问题。

来源于实践的问题通常是以改造或者直接改变教育现象和过程为目的而提出的。对于一线中小学教师来说,科研任务旨在解决课堂教学中实际发生的问题。例如,某教师在进行教学反思时发现,学生自主探究教学模式下的课时计划完成效率总是高于教师讲授模式下的课时完成效率,该教师由此提出一个研究方向,即自主探究模式与学生有效学习研究。可见教育实践是教育研究问题提出的一个极佳切入点。

2. 理论学习和研究中受到的启发

作为一名研究者,不仅要善于在教学实践中发现问题,还应该博闻强识,通过查阅大量的文献资料、听取教育理论讲座等途径,从中发现一些教育问题并进行研究。例如,通过查阅相关资料来实现对某一思想流派发展历程的研究,或者细化到对某一教育家教育思想的研究等。又例如,某校组织该校教师听取义务教育普法讲座,某教师在讲座结束后,考虑到在当地农村并非百分之百的适龄儿童都能按时入学的问题,提出留守儿童以及撤点并校对基础教育质量影响的问题,并以此展开研究,取得了显著的研究成果。

3. 从有关部门提供的课题指南中选题

研究者不仅可以根据自己的兴趣和研究偏向选择教育研究问题,也可以从教育相关部门提供的课题指南中选择研究问题。一般来说,教育行政部门以及学校教科室在经过前期调查和认真考证之后,每年会给教师提供一些参考课题,这些课题或关注前沿理论,或关注共性问题,或关注教师兴趣,涵盖了教育研究的各方各面,研究者可以从中自由选择。《珠心算教育与儿童智力开发实验研究》即是中国珠算心算协会委托中央教育科学研究所课题组展开的重点研究项目"珠心算教育具有开发儿童智力潜能作用实验研究"的成果之一。[①]

4. 个人兴趣指向的问题

教育研究的主体是研究者,因此教育问题的确定在很大程度上带有研究者的主观色彩。如果研究者选取的问题是基于自身的知识储备背景并切合自己的兴趣的,那么在研究过程中,研究者就可以省去不必要的前期准备,整个研究将会事半功倍。对于小学教育研究而言,研究的主体多是中小学一线教师,那么这些研究者就可以从日常课堂教学中选择自己感兴趣的点进行教育研究。例如,某小学美术教师自身对抽象画非常感兴趣,因此在日常教学中也就特别留意抽象画教学与学生美术水平的关系,并据此提出研究问题,申报了研究课题,最终取得了显著的科研成果。

二、分析问题

研究者在初步确定研究方向之后,应对所选研究方向做出进一步的了解和判断,一方面需要对问题进行价值评估,另一方面也要对自身能力进行评估。

1. 问题本身的要求

问题不等于课题,只有好的教育问题才能转化为相应的教育课题,好的教育研究问题应该满足以下几个条件:

[①] 中央教育科学研究所课题组.珠心算教育与儿童智力开发实验研究[J].教育研究,2010(11):52—59.

（1）问题应具有研究意义。

研究者从事一项研究势必是费时费力的，需要花费大量的心血去完成。因此，一项研究涉及的问题是否有价值，是研究者应首要考虑的因素。而判断一项研究是否有价值，主要从以下两个方面考虑：一是理论价值，即通过对该问题的研究，教育理论是否能够在深度上或广度上有所扩展；二是实践价值，即通过对该问题的研究，教育者在进行教育实践的过程中是否能够得到有效的指导。对中小学教师来说，要考虑自己所做的某项研究是否具有实践意义，主要是看通过对学校教育或者课堂问题的研究，能否找到提升教学水平和效果的切实可行的途径和措施，从而改善教师的教和学生的学。

（2）问题应具有科学性。

教育作为人文社会学科虽然不像自然学科那样精确严密，但也有其规律可循。教育研究所涉及的问题不应该是诡辩和谬论，而应该建立在一定的事实基础和文献理论基础上。教育问题的科学性主要表现在：一是提出的问题有一定的事实依据，这是选题的实践基础。选择要研究的教育问题，应该从当下的教育教学实践出发，寻找那些典型的、有针对性的问题。二是提出的问题以一定的教育科学理论为依据。教育科学理论对教育问题起到定向、规范、选择和解释的作用。所要研究的教育问题不能没有任何的科学理论依据，也不能与已经确证的教育科学理论完全相矛盾。那些既无实践基础又无理论依据的问题必然起点低，盲目性大，即便出成果也难以保证研究成果的质量。教育研究问题的选择关乎整个教育研究的走向，如果一个题目不能体现研究的科学性，那么随后所做的一切研究都是无意义的，必然会造成教育资源的浪费。[1]

（3）问题应具有创新性。

教育问题是否具有独特性和创新性，也是一项教育研究是否有价值的重要体现。创新性并不意味着研究者完全避免对前人研究领域的再次涉及，而是应避免对前人研究的简单重复。研究者在确定问题时应该查阅大量的文献资料，判断前人已经对所涉及的问题研究到何种程度，有哪些不足和遗漏，哪些地方可以改进。不过，教育问题是随着时代的发展而层出不穷的，研究者的目光应该长远，挖掘新角度，发现新问题，使研究更具有独到之处和不可替代性。

（4）问题应具有明确性。

教育研究是一个长久的过程，因此研究者在研究的开始就应当明确研究的主要任务以及使用的研究方法，在对问题进行陈述时指明总体的中心议题，对整个研究过程中出现的概念做出清晰、确切的界定，尤其是给出关键概念的操作性定义。例如，在对中小学教师惩戒行为的研究中，研究者首先要明确惩戒的定义是什么，还要注意研究

---

[1] 裴娣娜.教育研究方法导论[M].合肥：安徽教育出版社，1995：75.

中惩戒是在课堂教学的过程中还是在课后进行,即对惩戒的情境进行区分。需要注意的是,某种概念一旦在研究的开始被界定,那么在整个研究过程中就要一以贯之地使用,而不能随意变更。

2. 对研究者的要求

研究者是实施研究的主体,理应对整个研究负责。好的教育研究,离不开研究素养优良的研究者。

从感性方面说,研究者首先应对所研究的教育问题抱有浓厚的兴趣。兴趣是最好的老师,从心理学角度来看,兴趣是一种强烈的内部动机,有了兴趣,研究者能够产生强大的内部驱动力,在做研究时更加得心应手。其次,研究者应该具备不怕困难,越挫越勇的科学精神。马克思说:"在科学的道路上是没有平坦大道可以走的,只有那在攀登上不畏险阻的人,才有希望达到光辉的顶点。"教育研究是一项长期的艰苦的工作,研究者不仅需要付出大量的脑力劳动,甚至因为某些研究的特殊性,还需要付出艰苦的体力劳动。同时,教育研究不可能是一帆风顺的,研究过程中必然会产生这样或那样的问题,如果研究者没有顽强的意志力,就不可能将研究做好。

从理性方面说,教育研究是一个严肃的科学问题,不是研究者拍拍脑袋就可以得出结论的,这就要求研究者必须占有大量资料、设备、经费、技术、人力,有充足的研究时间,并得到相关部门的配合。如果研究者本身对于研究目标不明确,对相关研究问题一无所知,不能熟练运用各种研究方法,研究便无法继续进行。

三、确定问题

经过审慎选题和多次分析,研究问题已经逐渐明晰。在此基础上,研究者需要再次对研究问题做出全面的论证和阐述,即对研究的意义、内容、方法步骤、已有的相关研究、完成本项研究的可行性和最终的研究成果等方面进行分析、评价和预测。一般来说,对问题的论证包括以下几方面的内容[①]:

第一,研究问题的性质和类型,即具体要研究什么问题,问题的性质是什么,属于什么类型的问题等。

第二,研究的意义,即为什么要研究这一问题,研究这一问题的理论价值和实践意义。研究者可针对研究的类型对意义的论述有所侧重。基础性研究着重说明理论价值,应用性研究侧重实践意义的分析。

第三,相关文献分析,即研究综述。主要说明前人或已有相关研究主要集中的领域、采用的方法、已形成的结论及存在的争论、存在的主要问题等,并在此基础上说明

---

① 本部分主要参考马云鹏.教育科学研究方法导论[M].长春:东北师范大学出版社,2002:51—52.

本项研究将在哪些方面有所突破和创新。

第四,该课题的理论与事实依据、研究的可能性、研究的基本条件、能否取得实质性进展。

第五,课题研究的策略、步骤及成果的形式。即采用何种方法完成本项研究,研究的重点难点以及如何突破,最终研究成果的形式和数量等。

一项研究,以问题的确定为始,以问题的解决为终。为了更好地对整个研究做出全局性把握,研究者在操作之前往往需要深思熟虑,从以上五个维度综合考虑,以详细的文本进行问题论证。

第二节 选取教育研究对象

如果说一项教育研究是一项实践活动,那么研究者就是实践的主体。相应的,要顺利完成一项研究,也需要保证研究客体,即被研究者的合理参与。因此,研究者在确定研究问题之后,应根据研究目的,选取一定的研究对象,通过对研究对象的研究,实现教育研究目的。一般来说,研究对象的选择方式与一项研究所使用的研究方法密切相关,研究方法不同,研究对象的选取法则也不相同。

一、抽样的概念和特点

在教育研究中,由于研究对象的总体数量往往比较大,研究者需要从中抽取一部分对象进行研究,以此来推断总体的特征,这就是抽样。也即是,我们把研究者在研究对象总体中遵循一定的规则选择一部分对象进行研究的过程称为抽样。研究所涉及的对象全体,被称为总体或母体。而抽取的这部分即是样本。样本中包含个体的数量称为样本容量。例如,研究者要考察新手教师的入职状况和能力水平,不需要对全国所有的新手教师进行调查研究,而是可以抽取某一地区的新手教师作为对象进行调查研究。[1] 在这项研究中,全国所有的新手教师即所涉研究的全部对象,称为总体,而从所涉地区随机抽取的这部分新手教师,就是样本。

根据抽样的概念,我们可以看到抽样有以下几方面的特点。

第一,公平性。如果按照随机抽样的方式来选取样本,那么总体中的每个个体被抽中的概率是均等的。比如,某校一年级二班共有40名学生,我们从中随机抽取4名学生作为样本,那么该班40名学生中的每一位都有概率为10%的抽中机会。对每一个学生来说,无论抽到谁,都是公平的。

---

[1] 赫保伟.小学新教师队伍现状、问题及对策建议——基于北京市的调查研究[J].教育导刊,2014(10):24—29.

第二,典型性。抽样的目的是借助样本资料估算总体特征。教育科学研究揭示的是教育现象的本质特征和教育活动的一般规律,研究者不可能逐一对研究所涉及的对象进行研究,但可以通过对样本的研究对总体进行估算,从而可以提高研究资料和结论的准确性与可靠性。由于抽样的机会均等,样本是具有代表性的,研究者根据样本得出的结论就比较可靠。

第三,效益性。一方面,由于抽样之后研究者只需对研究对象总体中的少数样本进行研究,因此可以节约人力、物力和财力等研究资源;另一方面,在同样的研究资源下,抽样可以使研究范围扩大,提高研究的深度和广度。

二、抽样的原则

为了保证研究的质量水平,在抽样过程中应该遵循一定的原则。可希(Kish,1965)指出,一般说来,一个优秀的抽样设计应该满足以下四个方面的要求[①]:

1. 目标定向

任何教育研究应该以原有的研究目的作为基础。抽样设计作为教育研究的重要环节,同样应该以研究目的为导向,以研究方案和研究的具体目标为依据,选择合适的样本进行研究,从而获得必要的数据和文字资料,并进行相应的分析。

2. 可测性

抽样的目的之一是通过对样本的研究来推断研究总体的特征。只有抽样设计能够为下一步的研究分析提供必要的数据支持,即抽样设计具有可测性,才能有效估计对推断统计非常有用的样本变量。

3. 可行性

理论上设计的抽样方案与实际执行中的抽样方案往往存有一定的差距。理论上可行的抽样方案有可能在实践中难以落实和执行。因此,在教育研究中,研究者应通过有效方式证明其所制订的抽样设计方案在实际教育情境中能行得通。换言之,在抽样方案正式实施之前,研究者应该预料到抽样过程中可能遇到的问题,并确定好相应的应对方法,确保抽样设计方案的顺利实施。

4. 经济性

抽样设计的最大特点是节约人力、物力和财力等教育研究资源,提高教育研究效率。无论何种类型、何种级别的教育研究,其可获得和利用的教育资源往往是有限的,经济性原则要求研究者在制订抽样设计方案时必须全面考虑有限的教育资源,比如,研究时间、研究人员、可支配使用的教育经费、必要的研究设施和设备等。因此,教育

---

① [美]威廉·维尔斯曼.教育研究方法导论[M].袁振国,译.北京:教育科学出版社,1997:347.

研究者在制订抽样设计方案时,要努力避免不必要的教育资源浪费问题,尽可能以最少的教育资源获得最多、最有效的研究资料。

教育研究者根据研究目标制订抽样方案时,应该尽可能地结合具体情况,在抽样设计时多方权衡,兼顾以上四个方面的抽样原则,保证抽样方案的有效实施,为研究的顺利开展铺平道路。

三、抽样的步骤和方法

不管选取何种抽样方法,对样本的选取一般需遵循以下四个步骤:确定研究总体、确定样本规模、抽取样本、评估样本。

1. 确定研究总体

研究总体就是根据研究目的和要求确定的研究对象的范围。总体范围是抽样的基础,总体范围明确才能考虑样本与总体的比例。

2. 确定样本规模

样本规模就是所要抽取样本应包括的单位数。一般意义上说,样本比例越大,对样本的研究结果就越能代表总体的情况,抽样的误差率就越小。但是不同的研究类型对样本容量的具体要求也不同。在定量的描述研究和调查研究中,样本一般要占到总体的10%。当研究总体不够大以至于以总体的10%标准选取的样本容量小于100时,研究者就需要调整选取比例,尽可能保证样本容量不少于100;在相关和比较研究中,样本容量每组至少要达到30;而在实验研究中,如果实验条件控制得比较严格,每组一般15人左右即可,如果实验条件控制得不严格,比如教育实验中选取的原始自然班,样本容量最好不少于30。然而,在定性研究中,研究者多采用的是典型的小样本,即研究所需的容量不超过30,而且往往是仅有的一个或者几个样本。当然,在现实中,样本容量的大小很大程度上取决于研究的需要和研究者自己的判断,并没有统一的硬性标准或答案。

3. 抽取样本

抽取样本即根据总体的特征选择适当的方法抽取一定的单位作为样本。当研究对象比较少时,一项研究可以包含总体中的所有个体。但是大多数情况下,带有普遍意义的教育问题研究需要涉及大量的研究对象,这时要求研究者对其中所有的对象进行研究是不可能也是不必要的。因此研究者就需要根据自己的需要从众多的研究对象中选取部分典型而又具有代表性的对象来完成教育研究。

教育研究中抽样的方法有很多,根据研究总体中每个单位被抽中的概率大小是否一致,抽样可以分为概率抽样和非概率抽样两大类抽样方法。

(1) 概率抽样。

顾名思义,在概率抽样中,样本中的每个个体被抽中的概率是同样大的。由于每个个体被抽中的可能性一样大,样本的选择对每个个体来说都是公平的,因此也能更好地反映总体的特征。具体来说,根据抽样采取的手段不同,概率抽样又可以分为简单随机抽样、系统随机抽样、分层随机抽样、整群随机抽样、分阶段随机抽样等。

以下将结合实际抽样案例介绍几种在小学教育研究中适用并常见的概率抽样方法。

① 简单随机抽样。

简单随机抽样是概率抽样中最基本的方法。简单随机抽样主要适用于单位数比较少而又集中的总体。例如,研究者要调查两种作文教学法对三年级学生作文水平提高的影响,那么即可在该校三年级学生中采用简单随机抽样的方法选取研究对象。教育研究者要想获得简单随机样本,可以采用多种方式,但常用的操作方式有以下两种:

一是随机数字表。随机数字表是统计专家用计算机随机生成的从 0 到 9 十个数字所组成的数表,表中每个位置上出现哪一个数字是等概率的(见表2-1)。教育研究者使用随机数字表时,首先要给研究总体中的每个个体编号,然后在随机数字表中随机选择一个数字作为起点,由此开始按某种顺序(比如由上到下或者由左到右)在随机数字表中选择一系列数号(比如纵向选取随机数字表中的一列或者几列),然后按这些数号从总体中选取相应数号的个体作为样本。

表 2-1 随机数表(部分显示)

96 76 28 12 54	22 01 11 94 25	71 96 16 16 88	68 64 36 74 45	19 59 50 88 92
43 31 67 72 30	24 02 94 08 63	88 32 36 66 02	69 36 88 25 39	48 08 45 15 22
50 44 66 44 21	66 06 58 05 62	68 15 54 35 02	42 35 48 96 32	14 52 41 52 48
22 66 22 15 86	26 63 75 41 99	58 42 36 72 24	58 37 52 18 51	03 37 18 39 11
96 24 40 14 51	28 22 30 88 57	95 67 47 29 88	94 69 40 06 07	18 16 36 78 86
31 73 91 61 19	60 40 72 98 48	98 57 07 26 69	65 95 39 69 58	56 80 30 19 44
78 60 73 99 84	43 89 94 36 45	56 96 47 07 41	90 22 91 07 12	78 35 34 08 71
84 37 90 61 56	70 10 23 98 05	85 11 34 76 60	76 48 45 34 60	01 64 18 39 96
36 67 10 08 23	98 93 35 08 86	99 29 76 29 81	88 34 91 58 93	63 14 52 32 52
07 28 59 07 48	89 64 58 89 75	83 85 62 27 89	30 14 78 56 27	86 63 59 80 02
10 15 83 87 60	79 24 31 66 56	21 48 24 06 93	91 98 94 05 49	01 47 59 38 00
55 19 68 97 65	03 73 52 16 56	00 58 55 90 27	33 42 29 38 87	22 13 88 83 34
53 81 29 13 39	35 01 20 71 34	62 33 74 82 14	53 73 19 09 03	56 54 29 56 93
51 86 32 68 92	33 98 74 66 99	40 14 71 94 58	45 94 19 33 81	14 44 99 81 07
35 91 70 29 13	80 03 54 07 27	96 94 78 32 66	50 95 52 74 33	13 80 55 62 54
37 71 67 95 13	20 02 44 95 94	64 85 04 05 72	01 32 90 76 14	53 89 74 60 41
93 66 13 83 27	92 79 64 64 72	28 54 96 53 84	48 14 52 98 94	56 07 93 39 30

二是抽签。抽签的原理与传统意义上的"抓阄"类似,只是运用在研究对象选取中,抽签的操作更为严谨。研究者将研究总体中的每个个体都依次编上号码并将每个号码做成标签,然后将这些标签放进一个器皿中充分混合,使之均匀,然后从中抽取与样本容量相当的标签,记录下此标签上的号码,这些被抽中的号码所代表的个体即组成了研究者所需要的样本。抽签的关键是"充分混合",以保证每个个体被抽中的概率相等。

② 系统随机抽样。

系统随机抽样,又叫等距抽样。这种抽样方法是先将总体中各个个体按某一标志或者顺序排列编号,然后将总体按相同的间隔进行分组,使组数与样本数量相等,然后从每一组中选出一个号码作为样本号,之后按数量相等的间隔从每一组中依次抽取一个个体,组成样本。

> **案例 2-1　系统随机抽样示例**
>
> 　　某研究者要从某小学 3000 名小学生中抽取 50 名学生作为样本,那么首先要给这 3000 名学生排序编号,由于要抽取 50 个样本,则需要把总体分为50 组,这样抽样间隔就是 60。接着研究者就可以从编号 1 到 60 中抽出第一个样本,假如抽取了编号为 10 的学生,那么下一个样本就是编号为 70 的学生,依此类推,在每一组中抽取一个学生,直到抽足 50 个样本为止。

需要注意的是,运用系统随机抽样方法应避免研究总体存在周期性变化。在上述抽样中,如果该校按照男生单号、女生双号的方式进行学号编排,那么编号为 10,70,130……的学生就一定是女生,最终选取的样本就只有女生而没有男生,在一定程度上会造成结果的偏差,样本不再具有典型的代表性。

③ 分层随机抽样。

在实际教育研究情况中,研究总体中往往包含一些不同的类型,各个类别在总体中占的比重是不同的。因为简单随机抽样具有随机性,每个个体被抽到的概率相同,但实际上这样对于在总体中占有比重不同的类别来说是不公平的,抽取的样本往往难以反映真实的总体情况。在这种情况下,研究者可以采用分层随机抽样的方法。即,先把总体按一定标准进行分类或分层,然后按照一定的比例从各层独立地随机抽取一定数量的个体,最后将各层抽取的个体整合在一起作为样本。

> **案例 2-2　分层随机抽样示例**
>
> 　　某研究者要在某小学做一项关于"校信通对学生课后作业完成情况的影响"的研究,需要在该校 1000 名学生中抽取 60 名样本,而该校 1000 名在校学生中有 50 名留守儿童,即留守儿童在全校学生中所占的比例为 5%。为使样本具有代表性,研究者应保证在所抽取的 60 名样本中,留守儿童样本也占抽取样本总数的 5%,即有 3 名。

　　需要注意的是,在对总体分组时,研究者应尽可能将不同类别加以区分,并保证从每个类别中抽取的样本数量在样本总量中占的比重和该类别在总体中占的比重相同。

　　④ 整群随机抽样。

　　整群抽样又叫区域抽样、聚类抽样。运用整群抽样法,研究者不是以个体作为样本单位从研究总体中逐个地抽取样本,而是以由多个个体组成的群体作为一个样本整群地抽取。

> **案例 2-3　整群随机抽样示例**
>
> 　　1. 某研究者要对小学生的学习兴趣与学业成绩的相关关系进行研究,并没有从所研究的几所小学中随机逐个抽取固定数目的学生作为样本,而是直接从中随机抽取了几个自然班,以这些自然班的学生作为样本进行研究。
>
> 　　2. 某研究者要统计某省 6~11 岁适龄儿童的入学率,但事先难以获得一份包括该省所有适龄儿童的名单,因此直接随机抽取该省的几个县市,然后对这些县市的适龄儿童进行调查,最终根据研究结果,对全省的适龄儿童入学率进行推断。

　　需要注意的是,由于整群抽样所获得的样本没有严格遵循概率原则,当不同群之间的差异较大时,造成的抽样误差就会非常明显。例如,上述案例 2-3 中抽到的班恰好是尖子班,抽到的县市恰好是贫困县,那么样本的典型性就不强,容易造成研究结论的误差。因此在做整群随机抽样时,研究者应事先对各个群体进行考察,尽量选取具有普遍性和代表性的群体。

(2) 非概率抽样。

在实际操作中,仅仅依靠概率抽样方法,有时难以满足教育研究的需要。与自然学科中量化的物质研究不同,教育研究的对象是人,在研究对象的选取上,会受到伦理以及其他各方面因素的制约。通常,当一项研究的目的不在于研究结果的推断统计而是为了详细了解样本的具体情况,也就是更倾向于得出"究竟发生了什么事情"或者"事情是如何发生的"的结论时,研究者就不需要采取概率抽样的方法。

美国学者迈克尔·巴顿(Michael Patton)介绍了有可能产生丰富信息的 15 种抽样方法。[①] 同样的,本书主要将结合几则抽样案例介绍其中几种在小学教育研究中适用的非概率抽样方法。

① 最大变异抽样。

最大差异抽样是指研究者选择那些最能揭示研究总体中变异广度的样本进行研究。目的在于了解不同样本之间的差别,以及不同样本间的共同特征,进而掌握总体的全貌。

案例 2-4 最大变异抽样示例

某研究者为了深入研究某地区基础教育发展状况,需要选取 200 名研究对象进行研究。该研究者分别从该地区城市贵族私立学校和以留守儿童占绝大多数的民办乡村学校中各选取 100 名学生作为抽样样本进行研究,并通过对比分析,对该地区的基础教育发展状况进行推断。

以上案例中,研究者选取的这两所学校的规模、基础设施、师资数量和质量、教育经费投入力度以及生源数量和质量等方面有着显著的差异。在差异显著的两所学校中选择样本,研究者可以全面深入地把握该地区城乡间基础教育发展情况的差异,从而在较大程度上避免了以偏概全的研究偏差。

② 极端个案抽样。

在教育实践中,有些现象具有某些特殊性,这些现象在大多数人看来如此不同寻常,甚至被当作"异类"。而对于教育研究来说,恰恰是这些看似不同寻常的教育现象蕴藏着不一般的研究价值。研究者通过解析这些现象,更能够捕捉住典型教育案例背后隐藏的本质特征,即极端个案的研究结果可能为理论论证和相关研究提供更有力的解释。

---

① [美]梅雷迪斯·D.高尔,沃尔特·R.博格,乔伊斯·P.高尔.教育研究方法导论[M].许庆豫,等译.南京:江苏教育出版社,2002:196.

> **案例 2-5 极端个案抽样示例**
>
> 在关于师范类高校学生教学技能水平的调查研究中,研究者以教育部直属的五所师范院校在校生为研究对象,从中选取获得过院级、校级教学技能大赛荣誉的学生进行分析研究。在一定程度上,研究者可以就此对当前我国师范生教学技能的最高水平有一个相对准确的把握。

需要注意的是,当使用极端个案抽样时,研究者应避免出现以偏概全的倾向。如在上述案例中,由于研究者以在教育部直属的五所师范院校中选取的"佼佼者"为研究对象,那么根据研究最终得出的师范生教学技能水平便不具有全国性的代表性,而只能代表目前师范类院校学生教学技能的整体最好情况。

③ 同质抽样。

同质抽样是与最大变异抽样相反的一种非概率抽样方法。其目的是通过选择一类具有同样或者类似属性的样本,以便对样本代表的特定群组进行深入研究。

> **案例 2-6 同质抽样示例**
>
> 在有关大学生职业取向与就业状况的调查研究中,研究者可以只选取当年未就业的大学生作为研究样本。这些未就业的学生就可以作为当年所有毕业的大学生总体中的一个同质群体——同质在于他们毕业当年都没有找到工作。通过研究这一群体,研究者就可以分析出大学生的职业取向与就业率是否存在相关关系。

需要注意的是,与极端抽样一样,由于同质抽样选择了具有类似属性的样本,而并不着眼于全局,因此它的研究目的就不在于得出具有某种横向推广性的结论,而在于对这些具有类似属性的样本进行纵向研究。

按照 M.米德的观点,在人类学的抽样逻辑中,研究结果的效度不在于样本数量的多少,而在于样本的限定是否合适,即该样本是否能够作为一个典型的、能够代表文化完整经验的个案进行准确研究。① 虽然非概率抽样并未严格遵循随机性原则而进行抽

---

① 陈向明.质的研究方法与社会科学研究[M].北京:教育科学出版社,2000:103.

样,但并不意味着非概率抽样带有很强的随意性。相反,非概率抽样是以研究者事先确认的准则为依据的。研究者必须事先对研究总体的特征有深刻的了解,注意研究总体的同质性、极端个案或关键个案存在的可能性等影响因素。

4. 评估样本

评估样本即检查样本的选取是否得当。对于概率抽样来说,样本的评估意味着研究者需要确定样本对于总体的代表性如何,如果极限误差小于或等于允许误差,则其样本符合要求;对于非概率抽样来说,样本选取是否恰当主要看能不能满足研究者的研究需求,即研究者能否通过对样本的研究解决研究问题。

总之,在确定抽样方法和样本量的时候,既要考虑调查的目的、调查性质和精度要求等,又要考虑实际操作的可实施性、非抽样误差的控制、经费预算等。教育研究人员需要根据研究的各种情况及研究的目的、性质进行综合权衡,以选择最优的样本。

第三节 选择教育研究方法

教育在本质上是实践的,这也决定了教育研究在本质上也是一项实践性活动。因此,教育研究的真正价值体现在"做"上。在明确研究问题、选择研究对象之后,研究者必须选择恰当的研究方法进行实际操作。能否选择恰当的研究方法,是一项研究能否顺利得出预定结论、取得成功的重要因素。

对于小学教育研究者来说,一般可以选择教育调查法、教育实验法、叙事研究法、个案研究法以及行动研究法等方法进行教育研究。每种方法又包括选择研究对象的方法,搜集、整理和分析研究资料的方法等。具体研究方法的使用将会在之后几章做详细的论述说明,这里重点讨论选择研究方法时应遵循的两个原则。

一、具体情况具体分析

研究者应该意识到,没有任何一种具体教育研究方法是万能和适用一切研究场景的。对于某一项具体的研究问题而言,没有最好的研究方法,只有最适合的方法。研究者应该根据研究的目的、对象、内容以及研究过程的需要,并结合研究者本人的条件来选择最恰当的研究方法。

一方面,对待不同的教育问题,研究者往往需要采用不同的教育研究方法。如果研究者想要对任课教师采用不同教学策略而收到的不同课堂效果进行研究,那么可以采用观察的研究方法,在课堂上实时观察学生的反应;如果研究者想要对农村留守儿童的说谎情况进行深入研究,则可以采用访谈调查法;如果研究者想要对某地区小学科学教师的科学素养进行调查研究,则可以采用问卷调查法;如果研究者想要研究珠心算教育与儿童智力开发的关系,则可以采用实验法。

另一方面,研究者自身身份与研究层次的不同,其偏向的研究方法也不同。如果研究者是学者专家型,那么可以采用文献法、历史法对教育问题进行研究;如果研究者是一线中小学教师,则可以采用行动研究、叙事研究等方法解决日常教学中的实际问题。

二、多种方法结合

一项研究,特别是比较复杂的研究课题,往往需要采取多种研究方法。一般来说,在某项教育研究中,研究者应选取一到两种主要的研究方法,辅之以其他研究方法,以确保研究结论的正确性与可靠性。例如,一项大的教育实验,要事先摸底,就需要调查法;而了解研究的起点,对研究对象进行前测,则需要测验法;在实验过程中需要采用观察法来采集细微信息;实验结束之后还需要采用测验、比较、分析等方法。因此,研究方法的选择是动态的而非静态的。在研究进行的过程中,研究者应当根据研究不同阶段的任务合理使用不同的研究方法。此外,如果研究者发现当前所采用的研究方法不能很好地为所做的研究服务,那么研究者应及时对研究方法策略进行调整,避免墨守成规,浪费教育资源。

第四节　制订教育研究方案

研究者在确定教育研究问题、选择教育研究对象和方法之后需要对该研究进行总体上的把握,因此制订一个详细的研究方案是非常必要的。教育研究方案,也叫教育研究设计,是指教育研究者对具体课题的研究过程所做的构思和计划。研究者手中的教育研究方案设计,相当于建筑工人手中的蓝图。一份好的研究方案是策划书也是指南针,在整个教育研究活动中协调各种要素,帮助研究者实现教育研究目的,获得科学结论。它涉及研究特定教育现象和问题的具体策略,确定研究的最佳途径和选择合适的研究方法以及制定具体的操作步骤等诸多方面。研究方案是教育研究实施的依据。

一、确定研究方案的基本原则

虽然教育研究是一项创造性的事业,它要求对原有的理论体系、思维方式及研究方法等有所突破,但这并不否定教育研究也具有共同准则和公认的实践方法。研究者正是遵照这些共同准则来设计整个研究过程,评估最终的研究结果的。一般来说,教育研究者在进行研究设计时需要遵循以下几个原则[①]:

第一,研究问题的价值性原则。研究设计的首要工作是提出有重要价值的科研问题,这里的价值主要表现在两个方面,一是应用价值,很多教育类热点问题相对来说都

---

① [美]理查德·沙沃森,丽萨·汤.教育的科学研究[M].曹晓南,等译.北京:教育科学出版社,2006:51.

具有较高的应用价值。二是理论价值,有些基础理论研究项目如数学上的"哥德巴赫猜想",虽然不能直接应用于社会实践,但有其自身的学术价值,还可能对应用型课题的研究具有指导意义。

第二,科学研究与理论联系原则。教育理论都是在借鉴前人研究成果的基础上产生的,而其又将通过两种途径对研究产生影响:一是概念框架、模型或理论,即帮助提出一个科研问题或对某个问题做出解答;二是科学观察和调查等都"带有理论性",即教育研究者观察什么、调查什么以及如何观察、调查等科研活动都需要与研究问题有关的一个明确的或者隐含的核心概念来驱动。

第三,研究方法的适宜性原则。研究方法主要是指收集与研究问题有关资料的方法和整理分析资料所运用的方法。教育研究方法有很多,这些方法无所谓优劣,关键在于研究者必须选择适合研究问题的方法,而且研究者必须同时有能力实施操作这个方法。此外,研究者还需要在研究设计中指出某种研究方法为什么能有效地研究某个问题,保证自己对研究方法的详细描述能够让他人评论或重复验证这项研究,同时还需要指出所使用的研究方法可能存在的局限。

第四,逻辑推理的严谨性原则。科学研究中得出的结论是否可信,取决于两个因素:一是严谨的、系统的、富有逻辑的、将理论与实证观察相结合的推理;二是理论与观察在多大程度上与研究问题相关。所有严谨的研究,不论是定量还是定性的,都包含同样的逻辑推理,这种推理要求明确阐释得出结论的过程,包括什么样的前提假设,怎样确定论据的相关性,其他可能的解释是如何被考虑或排除,数据和概念或理论框架间关系是如何建立的等。

第五,结论的可重复性和可推广性原则。重复验证指能在两种或者两种以上的情况下重复一项研究而得出相似的结论。当然,在教育学领域,许多研究推广仅仅局限于特定的时间和地点,这是因为人类社会经常发生变化。当重复验证成功后,科学研究的一个重要目标是理解结论可以在多大程度上从一个事物或者人推广到另一个事物或人,从一个环境推广到另一个环境。

第六,研究成果的审判性原则。专家的审查和评论不仅是科学研究的一个特点,而且是科学进步必不可少的条件。当教育研究基本结束时,研究者要选择适当的平台,公布研究成果,鼓励同行审查、批评、评论和重复验证,以便将新知识与该领域的已有知识相结合。

二、制订研究方案的基本步骤

一般来说,教育研究方案的提出包含以下四个步骤:提出研究问题→建立研究假设→选择研究方法→形成研究方案。

1. 提出研究问题

本章第一部分详细说明了研究者应该从哪些角度发掘研究问题,怎样论证研究问题。研究问题的提出不是一蹴而就的,需要研究者通过查阅大量文献资料以及和研究同伴的反复商榷,或者和专家学者的沟通,最终经过反复论证得到的。研究问题是整个研究方案的引子与灵魂,有了问题,才能根据问题提出相应的假设,在实际研究过程中选择恰当的研究方法,最终形成相应的研究规划。

2. 建立研究假设

如果说研究问题的确定给整个教育研究指明了方向,那么研究者基于研究目的对该问题提出的假设就是推动研究向前发展的关键一环。假设提得好,教育研究就更加有目的性,研究的本质就更加明晰,研究资料的搜集就更加有方向性。

所谓假设是指根据一定的科学知识和新的科学事实对所研究问题的规律或原因做出的一种推测论断和假定性解释,是在进行研究之前预先设想的、暂定的理论。换言之,研究假设是一种理性猜测或论断,是在前人研究或一定理论和事实基础上对一个悬而未决的有价值的问题所做的尝试性回答。可见,教育研究过程(即从资料搜集、资料分析到推出结果)也是一种验证研究假设的过程。胡适先生曾说"大胆假设,小心求证",就是这个道理。

一个好的假设一般应具有以下四个基本特征[①]:

（1）说明两个或两个以上变量间的期望关系。

（2）研究者应有本假设是否值得检验的明确的理由。这一理由是有理论的或者事实的依据。

（3）假设应该是可检验的。即研究假设可以被设计成某种方式进行检验,以判断其真伪。

（4）假设应该尽可能简洁明了。研究者应该尽可能用最简练的语言表述研究假设。

3. 选择研究方法

教育研究方法不同于一般科学研究方法,它既可以是质性的研究,也可以表现为量化的数据采集。研究者在研究中需要采用何种方法,需要参照所进行的教育研究的具体情境。不管选用哪种研究方法,其目的是为整个研究服务的,是为验证研究者提出的假设服务的。

4. 形成研究方案

研究方案是研究者进行实际研究操作的依据。经过上述三个步骤,研究方案的制订就水到渠成了。值得注意的是,研究方案并不是以上三步的简单罗列,而应该是研究者

---

① [美]维尔斯曼.教育研究方法导论[M].袁振国,译.北京:教育科学出版社,1997:47.

对整个教育研究的总体规划和宏观把握。在研究方案中,研究者既要对研究题目的价值和意义进行分析,也要对整个研究过程可能出现的问题进行评述和把控,还要对研究者在研究之前所占有的资料进行分析与考察,最后,还要展望研究预期的结果。整个研究方案应该是一气呵成,环环相扣的。研究方案的具体内容将在下一部分详细展开。

三、研究方案的具体内容

研究方案是研究者对整个研究过程思维构想的展现,是研究者在上述研究设计内容的基础上对整个研究过程的规划。具体而言,研究方案包括以下几方面内容:

1. 研究题目

研究课题既可以通过陈述性语句表达也可以用疑问式语句表达。研究课题应该起到一个统领全文的作用,一是能够指导研究者明确研究的基本内容和目的,二是使读者能够尽快明白研究者的意图。不管是陈述式表达还是疑问式表达,都应该新颖、醒目、简练,能够囊括全篇研究内容,反映研究的主题。

2. 研究课题的目的和意义

教育研究应是有价值的研究,没有价值的研究是不值得做的。在一份研究方案中,研究者必须认真详细地归纳所做研究的理论意义和实践价值。如果研究者不能很好地阐明其研究的科学价值所在,就难以得到相应的经费或者舆论支持。具体来说,教育研究者应该首先说明选择该课题的原因,即分析当今教育领域出现的问题,即何以必要(为什么要研究这个课题);接着论述本课题的理论依据,何以可能(研究者的构思策划);最后研究者应当阐明该研究的独到之处,即何以实现(研究价值所在)。

3. 课题研究的主要内容

在这一部分,研究者要说明本课题主要研究哪些方面的内容,在大型的研究课题中,还需要列出本课题包含的所有子课题。一般而言,课题研究的内容主要从现状调查、目标制定、策略研究等几方面考虑。其中,策略研究需要提出一些具体的研究思路和设想。

4. 研究方法

教育研究的方法很多,包括调查研究法、实验研究法、行动研究法等。一个大的课题往往需要运用多种研究方法,而小的研究课题可能主要运用一种研究方法,但也要辅助其他方法。教育研究者需要根据研究课题的性质、特点、研究需要达成的目标以及研究所具备的条件等选择适当的方法,并严格按照研究方法的要求进行研究。

5. 课题研究已具备的条件

在研究方案中,研究者需要从人力、物力、财力三个方面说明该课题研究目前已经具备的条件。课题研究已具备的人力方面的条件主要包括课题组成员的学术背景、研究经验、组成结构(如职称、专业、分工)等;物力方面的条件主要指课题研究工作的资料准备、研究时间、学术交流、实验基地和研究手段等;财力方面的条件主要是指研究经费的概算,一般包括图书资料费、调研费、文具费用、成果打印费以及购置仪器设备的费用等。

6. 研究课题的预期成果

课题研究的预期成果包括报告、论文、专著、软件、课件等多种形式。课题性质不同,研究成果的内容、形式也会有所不同。需要注意的是,研究者在撰写研究的预期成果时要根据研究的实际情况,实事求是,不可夸大研究成果。研究成果可大可小,但都要体现研究目的,只要回应了研究者的假设、实现研究目的,研究成果就是有价值的。

7. 课题研究的时间表

通常,学术研究课题对研究的完成时间有严格的限制,甚至有些专门的研究项目和特定的专业研究课题,要求研究者按课题研究时间表向有关部门或学术权威机构提交阶段性报告。阶段性报告可以帮助研究者进行阶段小结,并督促和帮助研究者有计划地进行工作。因此,研究者需要权衡各方面的条件,制定研究课题的时间表,有效地根据研究内容预算研究的时间,把繁杂的研究课题划分为容易施行的各个部分,以此脚踏实地、按部就班地逐步完成研究工作。

不过,上述研究方案的讨论一般情况下是作为课题研究的开题论证存在,就在读学生而言,即呈现为毕业论文的开题报告。由于开题报告在很大程度上由研究者本人掌握,且在后期研究过程中,研究者也会根据研究的实际情况对其内容进行调整,因此开题报告较少单独公开发表。为了使读者对开题报告有一个较为直观的了解,(限于篇幅)本书提供某博士研究生未公开发表的开题报告目录供读者参考,请见本章附录一。

 知识要点

1. 研究问题的来源。
2. 抽样的步骤和方法。
3. 确定研究方法的原则。
4. 教育研究方案的内容。

 思考与练习

1. 试着提出几个教育研究问题,讨论问题是否可行且有价值。
2. 思考如果在小学教育研究样本采集中采用非概率抽样,将适用于哪些教育问题的研究。
3. 选定一个你感兴趣的教育问题,设计研究方案。

附录一：

《新手教师在学校实践共同体中的学习》博士论文开题报告[①]

目录

一、研究的意义和背景

二、研究现象的逐步聚焦

三、文献评述和本研究的探索空间

四、本研究理论框架的简单介绍——实践共同体理论

五、研究问题的进一步澄清和重要概念界定

六、初步的研究框架图

七、研究方法的选择

八、研究过程的初步设计

九、目前的研究发现

十、研究进程安排

[①] 选自王红艳的博士论文开题报告(北京大学,2009,未发表)。本书某些章节正文中的案例、附录中的论文片断,皆是因为研究举例所需而引,因其符合该章所讨论的问题,具有一定典型性。在此特向所引文章之作者表示感谢。下文同。

第三章 文献的检索与利用

学习目标

1. 明确教育文献的三种级别。
2. 掌握教育文献的检索方法,学会撰写文献综述。

本章简介

本章将讨论如何检索和利用教育文献。讨论的主要内容主要涉及文献的概念与级别、检索教育文献的程序和主要方法,以及如何撰写文献综述等。通过学习本章内容,学习者应该在理解教育文献检索价值的基础上,了解三种级别的教育文献。更重要的是通过实际操作,真正在文献查阅过程中掌握教育文献的检索方法,学会撰写文献综述,为做好一项教育研究打好基础。

虽然本章是继前面研究设计的讨论之后,但其实文献研究是教育科研工作中非常重要的一个步骤,它几乎贯穿整个教育研究过程。无论是研究问题确定之前还是之后。问题确定之前,我们可以通过翻阅文献,寻找缺乏研究的一个点;问题确定之后,广泛查阅和运用相关文献资料,批判、继承与发扬批判前人的研究成果;研究开始之后,我们还需要继续更新追踪相关文献,以便为自己的研究提供新鲜资讯和启发。查阅文献并有效地运用文献进行教育研究,是每一位教育研究工作者必须具备的基本功。

第一节 文献与文献研究的概念

文献一词,最早见于《论语》,朱熹注:"文,典籍也;献,贤也。"古人以"文"为典籍记录,"献"就是贤者及其学识。后来文献概念发展为记录知识的一切载体,即以载体形式传递的知识。文献有广义和狭义之分,广义的文献指代一切用各种符号形式保存下来的事实材料,是过去存在的事实的保存形式。狭义文献仅指具有一定历史价值和资料价值的文字材料。文献包括以书籍和期刊为主的"纸质文献"和"音像文献"(如录音带、录像带、电影、唱片、CD等)以及"电子文献"(如电子图书、电子期刊、电子报纸等)。教育文献则是用各种符号形式保存下来的对教育研究具有历史价值和资料价值的事实材料。

教育文献研究是指教育研究者通过查阅其他研究者关于某一教育问题的研究成果,准确地把握该问题研究概况的活动。通过文献研究,查看其他研究者在这一问题上已经做了哪些层面的研究,这些研究已经获得多大的进展,还有哪些地方值得进一步研究和探索。具体而言,文献研究能够帮助我们达成以下几个目标:第一,全面正确掌握所要研究问题的现状,选定研究课题和确定研究方向。第二,为教育研究提供科学的论证依据和研究方法。第三,避免重复劳动,提高研究效益。我们应该避免手头的研究相对以往只是"量"的积累,而非"质"的提升。总之,教育研究科学文献的数量和质量,是判断该研究水平的重要标志之一。

第二节 文献的级别

根据加工程度不同,文献可以分为三级,如图 3-1 所示。

一级文献。一级文献主要是依据作者本人的实践而创作的原始文献,它是直接记录事件经过、研究成果、新知识、新技术的文献。一级文献具有很高的参考价值,但它贮存分散,不够系统,难以搜集全面。对教育研究者而言,一级教育文献主要包括专著、论文、调查报告、档案材料等。

二级文献。二级文献是通过对原始文献的加工整理,使之系统化、条理化的检索性文献。主要包括题录、书目、索引、提要和文摘等。二级文献具有报告性、汇编性和简明性的特征,是对一级文献的认识,也是检索工具的主要组成部分。

三级文献。三级文献是在利用二级文献的基础上对某一范围内的一次文献进行广泛、深入的分析研究之后,综合浓缩而形成的参考性文献,包括动态综述、专题述评、进展报告、数据手册、年度百科大全以及专题研究报告等。三级文献全面,浓缩度高、覆盖面广、信息量大,研究者可以在短时间内获取丰富的信息。

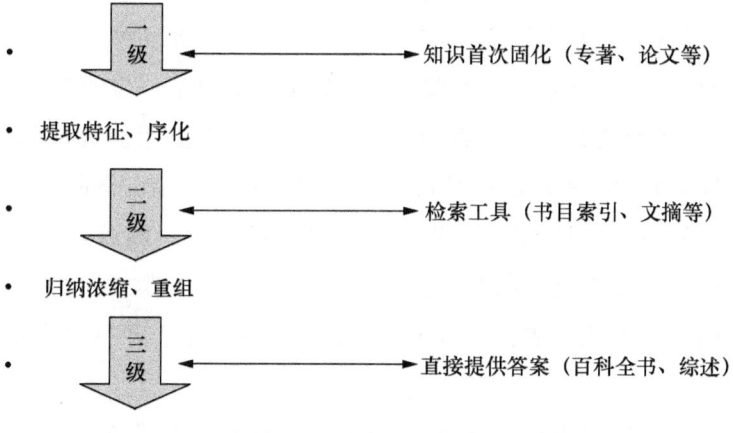

图 3-1 文献的级别图示

第三节 文献的检索、阅读与撰写综述

整体而言,围绕文献做的工作可以分为三个步骤,即文献检索、文献阅读和撰写文献综述。

一、文献检索

文献检索有两个意义:一是在选题没有确定之前,研究者可以通过翻阅专业杂志或网络文献的方法来获得选题的原型启发。二是在选题确定之后,研究者根据自己的选题和关键词进行系统的文献搜索。鉴于文献检索所采用的方式不同,文献检索可分为以下三类:

1. 手工检索

手工检索是研究者最早运用的文献检索方式,也是最主要、最传统的文献检索形态。至今,研究者在查阅相关文献时仍常使用手工检索,即查阅图书馆中的目录索引、工具书、著作、报刊等。

第一,检索索引。定期出版的专业性杂志和期刊载有大量的信息,需要从中搜集到与研究相关的内容,图书馆中的期刊索引使研究者的检索工作变得更加简明和高效。传统的手工检索主要是查阅图书馆中的"主题索引"和"著者索引",即按照研究主题或者所知晓的其他研究者的姓名进行相关检索。但由于网络越来越发达,研究者越来越少地使用这种方法进行文献检索。

第二,检索工具书。工具书是专供查找知识信息的文献。它系统地汇集了某方面的资料,按特定方法加以编排,以供需要时查考。它广泛吸收已有研究成果,所提供的知识、信息比较成熟可靠,叙述简明扼要,概括性强,而且不必全面通读,容易检索。教育研究者常用的工具书主要有字典、词典、百科全书、年鉴等几种。

第三,检索专著。专著(包括论文集)是就教育领域内某一学科或某一专门问题进行系统全面深入论述的文献。其内容专而深,大多是作者多年研究成果的结晶。专著一般就某一学术问题的发展历史和现状、研究方法、研究成果、不同的学术观点,以及存在的问题和发展趋势加以论述,并附有大量的参考文献。因此,专著通常反映学术研究的新进展,论述比较系统,形式也比较规范,具有更高的学术价值。论文集往往针对某一学术问题,汇集不同学者的学术论文,观点鲜明,信息集中而容量大,学术价值比较高。

第四,检索期刊。定期出版的专业性杂志和期刊载有大量的信息,尤其是教育研

究类期刊可为中小学教师和在校学生开展研究提供重要参考。且由于版面限制，其刊载的信息大多简洁、清晰，集中体现了相应研究领域的核心定义、目的、方法、过程及结果。南京大学《中文社会科学引文索引（CSSCI）来源期刊及集刊（2017—2018）目录》中，汇编了教育类的 C 刊 37 种，现列出前 14 种期刊如下：

序 号	期刊名称	主办(管)单位	CN 号
1	北京大学教育评论	北京大学	11-4848/G4
2	比较教育研究	北京师范大学	11-2878/G4
3	电化教育研究	西北师范大学、中国电化教育研究会	62-1022/G4
4	复旦教育论坛	复旦大学	31-1891/G4
5	高等工程教育研究	华中科技大学等	42-1026/G4
6	高等教育研究	中国高教学会高等教育学专业委员会	42-1024/G4
7	高教探索	广东省高等教育学会	44-1109/G4
8	高校教育管理	江苏大学	32-1774/G4
9	国家教育行政学院学报	国家教育行政学院	11-5047/D
10	湖南师范大学教育科学学报	湖南师范大学	43-1381/G4
11	华东师范大学学报（教育科学版）	华东师范大学	31-1007/G4
12	江苏高教	江苏教育报刊总社	32-1048/G4
13	教师教育研究	教育部高师资培训交流北京中心	11-5147/G4
14	教育发展研究	上海市教育科学研究院等	31-1772/G4

2. 数字图书馆

数字图书馆也称为电子图书馆。如果说手工检索需要以往传统的图书馆，那么，未来的网络检索将逐步转向数字图书馆。较为常用的数字图书馆有以下几种：

（1）中国数字图书馆。

中国数字图书馆是国内较大的一个数字图书馆，隶属中国国家图书馆。它主要向读者提供数字化图书，包括经济、文学、计算机技术、历史、医药卫生、工业、农业、军事、法律等 22 个门类。但是，中国数字图书馆只向公共图书馆、高校图书馆、智能化社区等局域网用户提供服务，所以对于部分教育研究者有一定的使用限制。

（2）CNKI。

CNKI 是"中国知识基础设施工程"（China National Knowledge Infrastructure）的简称，它是全球信息量最大、最具价值的中文网站之一。目前，CNKI 是我国最大的电子图书馆。CNKI 已建成的数据库有"中国期刊全文数据库""中国优秀博士学位论文全文数据库""中国优秀硕士学位论文全文数据库",等等。基于对文献内容的详细标引,CNKI 文献搜索提供了对标题、作者、关键词、摘要、全文等数据项的搜索功能,研究者可以在短时间内搜索到相关的信息。

(3) 超星数字图书馆。

超星数字图书馆也是比较有影响力的中文在线数字图书馆,其拥有较丰富的电子图书资源,涉及哲学、宗教、社科总论、经典理论、民族学、经济学、自然科学总论、计算机等学科门类。研究者可根据教育研究需要购买超星图书卡查找、下载和阅读图书。

(4) 世界数字图书馆。

世界数字图书馆(The World Digital Library)是兴建相对较晚的一个世界性的数字图书馆。它于 2009 年由教科文组织及 32 个合作的公共团体共同成立,由全球规模最大的图书馆"美国国会图书馆"主导开发。世界数字图书馆向全球读者免费提供具有重要价值的原始资料,包括手稿、地图、珍贵书籍、录音、电影、印刷品、照片、建筑图纸等。研究者可以根据需要选择使用阿拉伯文、中文、英文、法文、俄文和西班牙文等七种语言搜索需要的资料和信息。

另外,目前许多高校图书馆都免费向读者提供"馆藏目录索引"服务。虽然不能任意借阅,但研究者可以登录这些高校图书馆查找相关的书目、作者和出处,并根据研究需要通过付费等方式使用这些图书馆提供的复印和邮寄服务。

3. 网络检索

网络迅速发展不仅改变了人们的生活,也改变了学术研究的形态。在网络出现以前,研究者对文献的检索主要是手工检索,但随着网络的发展与普及,文献检索的方式也发生了变化,现在研究者进行文献检索时更倾向于手工检索与网络检索相结合。

由于网站本身的特点和研究者运用网络检索习惯的不同,研究者使用的"搜索引擎"也不尽相同。目前,大家常用的"搜索引擎"主要有:

- 百度 http://www.baidu.com;
- 谷歌 http://www.google.cn;
- 维基百科 http://zh.wikipedia.org/wiki;
- 搜狗 http://www.sogou.com;
- 读秀 http://www.duxiu.com。

以上五个搜索引擎都有自己不同的特点,因此适用于搜索不同的研究文献。"谷歌",尤其"学术谷歌"是非常专业的搜索引擎,也比较适合搜索英文文献;"百度"适合搜索中文文献,"度娘"是它另一个更加"通俗"的名称;当研究者在"谷歌"和"百度"中检索不到想要的文献时,可以利用"搜狗"寻求帮助,有时它会带给我们意想不到的搜索结果;"维基百科"将自己定位为一个包含人类所有知识领域的百科全书,而不仅是一本词典;"读秀"是一个备受在校学生欢迎的搜索引擎,是由海量全文数据及资料基本信息组成的超大型数据库,为用户提供深入到图书章节和内容的全文检索、部分文献的原文试读,以及高效查找、获取各种类型学术文献资料的一站式检索。

另外,研究者也可以利用各种网站上的搜索引擎检索文献,如"搜狐"(http://www.sohu.com)、"新浪"(http://www.sina.com.cn)、"网易"(http://www.163.com)等网站上都有相应的搜索引擎,研究者可以根据需要查阅相关文献资料。

二、文献阅读[①]

检索文献的目的在于从各种文献中找出对研究问题有参考价值的各种信息和资料。因此,检索到相关文献后,研究者做的下一步工作就是选择性地阅读文献,领会文献内容,捕捉相关信息,以便于正确标引文献,做好简介、摘要和著录编目工作,以备下一步的研究所需。

1. 初步阅读

阅读文献的目的在于发现对研究问题有价值的信息和资料。当我们阅读文献时,对其结果或信息的解释工作也就开始了。而文献阅读的第一步在于浏览文献,即对搜索到的各种文献进行粗略而快速的翻阅。研究者通过对文献的浏览,获得一个总体印象,大体了解文献的主要内容,初步判断文献的价值。在此基础上对搜集到的所有文献去粗取精,适当缩小阅读范围,提高阅读的效率。

为此,研究者在浏览文献时要做到以下三点:

第一,明确阅读目的。浏览时,要边了解文献的主要内容,边寻求文献本身对研究活动的价值,并将参考价值较大的文献挑选出来,以备后续研究之用。

第二,抓住要点。对于篇幅较长、容量较大的文献,要根据其内容与研究问题的关联程度,有选择性地进行阅读。在读著作时,先从目录中选择重点章节进行阅读,与研究问题无关的章节可以跳过;而浏览论文时,要将重点放在文章的主副标题和主要观点上;浏览研究报告,重点则是报告的文献综述、研究结论和问题讨论部分。

第三,阅读的同时分析文献。即在对各种文献的初步了解和判断基础上,按某种标准对需要进一步研读的文献进行分类,并做好标记,以备进一步查阅。

---

① 部分参考自魏薇,乔资萍.教育研究方法[M].济南:山东人民出版社,2012:46.

在此基础上,对挑选出的文献进行初步阅读,快速了解文献的主要内容,并从中发现对研究有参考价值的重要观点、数据和事实,同时结合原有的经验和自己研究的问题对文献的观点、数据和事实的科学性、价值性做出初步判断,对所读文献的参考价值做出比较,选择有重要参考价值的文献供研究所用。

2. 批判性阅读

由于不同文献的质量和特点存在较大差异,最初浏览到的所有文献对研究本身的价值会有不同。因此,在进行文献阅读时必须持有某种程度的批判性态度,即运用自己的智慧和相关的知识经验对文献进行批判性阅读。批判性阅读是在初步阅读的基础上所进行的一种求通、求透、求新的阅读。通过阅读,研究者不仅要全面地把握文献的内容、实质和逻辑关系,而且要质疑和批判性地阅读文献,从而形成新的思考,提出自己新的见解。

研究者在阅读一份教育文献资料时,至少应该从文献所包括的引言、研究程序、研究结果和结果讨论四个方面对文献本身的价值进行思考和评估。具体做法详见案例3-1。

案例3-1 对文献的批判性阅读示例[①]

引言

1. 研究的问题、过程或结果是否过度地受研究者的信念、价值观或理论倾向的影响?
2. 研究者在描述研究主题时是否表现出积极的或消极的偏见?
3. 报告的文献评论部分是否足够广泛?它是否综合了你认为与问题有关的研究调查?
4. 假设、问题或目标是否明白表述?如果是,它们是否清晰?
5. 研究者是否令人信服地说明了研究假设、问题或目标对本研究都很重要?
6. (定量)研究中每一变量定义是否明确?
7. (定量)研究每一变量值与其定义是否一致?

[①] [美]梅雷迪斯·D.高尔,沃尔特·R.博格,乔伊斯·P.高尔.教育研究方法导论[M].许庆豫,等译.南京:江苏教育出版社,2002:133.

研究程序

8．(定量)研究抽样过程是否产生了代表可鉴定人群或你所在地方人群的样本？

9．(定量)研究者是否形成了可提高研究现象理解度的小组？

10．(定性)抽样过程是否产生了一个或多个特别有趣、从中可学到有趣现象的知识的实例？

11．研究中的每一次测定对预定目的是否充分有效？

12．研究中的每一次测定对预定目的是否都充分可靠？

13．每一次测定是否都适应于样本？

14．研究程序是否恰当并明白表述以便别人在需要时可借用？

研究结果

15．是否使用并正确使用了恰当的统计方法？

16．(定性)报告是否包含体现了个人对访谈问题的生动反应和表现的细致描写？

17．(定性)研究资料中的每一因素是否体现出其意义？

18．(定量)收集的数据是否证实了明白表述的假设或问题？

结果讨论

19．数据分析结果是否支持研究者对研究发现做出的结论？

20．研究者对结果是否提供了合理的解释？

21．研究者是否合理地暗示该结果可以运用于实践中？

注：特别适用定量或定性研究的问题已如上标明。其余问题适用于两类研究。

三、撰写文献综述

文献综述是研究者在全面查阅文献的基础上，通过归纳整理、分析鉴别，就一定时期内出版或发表的某一领域内有价值的文献的主要内容所撰写的评述。它是在对某研究领域的文献进行广泛阅读和理解的基础上，对该领域研究成果的综合和思考，从而给研究者所研究的问题提供一个全面、准确、清晰的背景知识。

文献综述的长度因情况不同而有所差异。对于为专业性杂志所撰写的文献综述，可能只有几千字，主要梳理研究问题的来龙去脉或者其他个别问题，因此，综述中所包含的参考材料也不必提及很多,有时也许只有七八本参考资料。研究者可能读过许多文献,但只有最相关的文献才会被提及。不过,学位论文的文献一般占有较大的分量,许多文献可能都要被涉及。如一篇博士论文,文献综述可能需要几千字甚至一万多字,需要涉及数十甚至上百种文献参考资料。撰写文献综述需要对研究文献进行筛选,具体操作如下:

第一,筛选目标要明确。即选择与当前问题有直接关系的文献,把各个相关研究的结果放在一起,使其之间的关系清楚。

第二,认真检查结论的异同点。在教育研究中,有些结论是互相矛盾的,要仔细检查它们的不同点,尽可能对其做出合理解释。如果忽略这些不同点,或者对它们简单地折衷,那将会遗漏信息,不利于认清问题的复杂性。

第三,围绕和研究问题有关的关键点进行组织。文献综述不能够简单地以年代顺序来组织,因为这样会打乱所考察的研究的内在关联和统一性。尽管要适当地引用文献资料,但不要把文献综述写成引证材料的罗列,即无论文献资料有多庞杂,综述也应该遵循一定的内在逻辑将其呈现出来。

第四,表明研究局限。文献综述要清楚地说明,所考察领域的以往研究的不足和局限,从而表明进一步研究该领域的意义,使读者明白所考察的研究成果与本研究之间的关系,有些成果对所研究的问题关系极大,对此要给予特别说明。

第五,末尾要有结论。文献综述不能以对最后一个研究成果的评论结束,而是要对前面的考察加以概括,对重点内容加以综合。

总之,文献综述要提供研究问题的背景和来龙去脉,使人们认识到对该领域做进一步研究的必要性,表明研究者本人对该领域原有的研究有着较为全面的把握。

第四节 文献检索与利用的案例解析

查阅教育文献是一个系统的过程。我们需要遵循一定的流程进行操作,而不是到图书馆无目的地翻阅和抄写。虽然在查阅教育文献的过程中也可能出现无效劳动,但只要遵循如图 3-2 所示的操作流程,完全可以减少无效劳动,提高查阅效率。为方便读者更好地理解和把握教育文献查阅的方法,在此特以"小学数学天才儿童的鉴别与培养"课题为例,进一步阐述整个操作流程。

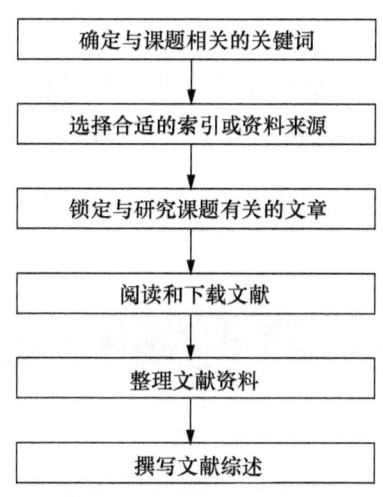

图 3-2 查阅文献活动流程图

一、确定与课题相关的关键词

关键词是指对论文构成起支柱作用的词,它是研究者通过搜索引擎寻找的文字。通过检索研究关键词,我们可以获取到与其相关的文献资料。一般而言,一篇论文的关键词都是 3~5 个。"小学数学天才儿童的鉴别与培养"这一研究问题的关键词主要有三个:小学数学天才儿童、鉴别、培养。但是在检索文献时,为了更准确地寻找相关的文献资料,我们一般不会把"小学数学天才儿童、鉴别、培养"这三个关键词分开单独检索,而是将个别关键词进行合并,如,在本研究中,我们可以分别检索"天才儿童、小学数学天才儿童"两个关键词,而在"小学数学天才儿童"的检索中,肯定就会包含"鉴别与培养"的内容。如果想进一步缩小和精确化文献,也可以直接以"小学数学天才儿童的鉴别""小学数学天才儿童的培养"为关键词进行检索。

二、选择合适的索引或资料来源

确定完与课题相关的关键词后,下一步工作就是确定合适的索引或资料来源,即研究者到哪里寻找与研究课题相关的资料。如果是手工检索,研究者可以到图书馆检索相关的目录索引,或者查阅相关的工具书、著作、期刊等。但随着网络的发展与普及,现在研究者进行文献检索时更倾向于手工检索与网络检索相结合。鉴于手工检索与网络检索流程相似,在此我们以网络检索为例,展现"小学数学天才儿童的鉴别与培养"这一研究问题的相关文献资料查阅过程。

进行网络检索,研究者主要检索的是期刊和学位论文。在众多的期刊网中,由于"中国知网"(http://www.cnki.net)便捷与普及,目前已成为中国学者普遍采用的检索文献的网站。

我们在登录"中国知网"后，即可看到其主页面，如图 3-3 所示。一般我们需要点击最右侧的"高级检索"，以便精确输入检索条件，搜集到更加相关和有价值的文献。

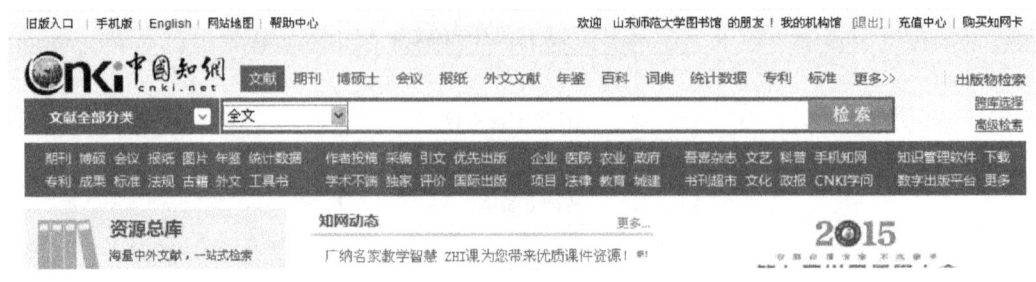

图 3-3　中国知网主页面

然后我们会看到如图 3-4 所示的页面显示。

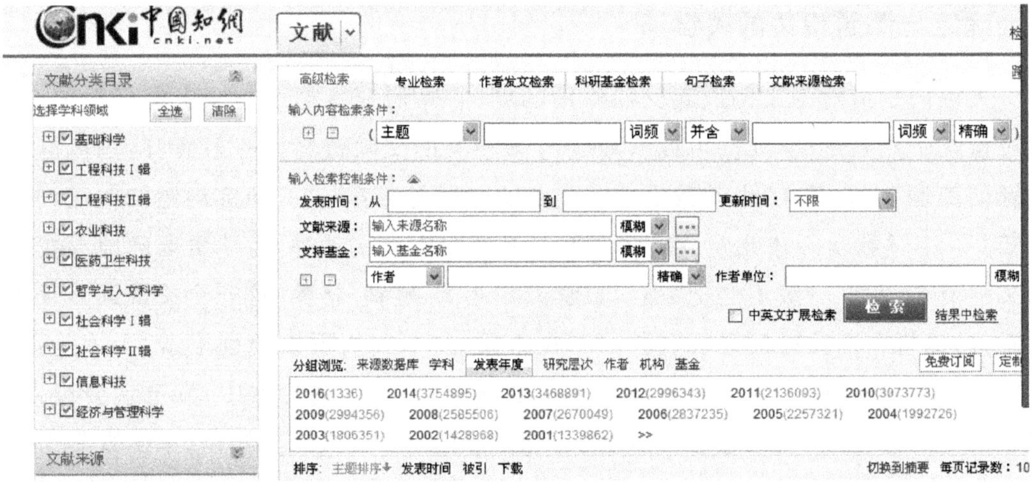

图 3-4　高级检索页面

我们首先处理最左侧"选择学科领域"一栏，因为系统默认是全部勾选各个学科领域，我们点击"清除"，然后选择"社会科学Ⅱ辑"，其下有我们所涉猎的教育理论与教育管理、基础教育等领域。要求输入的检索条件有两种，一是内容检索条件，内容主要有关键词、作者、主题等，二是控制条件，如时间、文献来源等。我们首先在内容检索条件一栏选择"关键词"，输入关键词"天才儿童"或"小学数学天才儿童"。为了让检索出的结果更加精确，缩小文献范围，我们也可以选择下拉选项中的"并含""或含""不含"，同时检索这两个关键词。（如果选择"小学数学天才儿童"与"鉴别""培养"这几个关键词进行检索，亦如法炮制）如果我们对文献时间范围、文献作者与来源等也有要求，便可以在检索控制条件菜单里进行操作。本案例中的控制条件选择了"发表时间"，把时间限定在 2000 年 1 月 1 日至 2015 年 10 月 13 日。操作完毕之后,点击按钮"检索",进入下一个页面,研究者可以看到检索的结果,共有 878 条结果,如图 3-5 所示。

图 3-5　检索结果

通过图 3-5 我们可以看到,在 2000 年 1 月 1 日至 2015 年 10 月 13 日的时间范围内,有关"'天才儿童''或含''小学数学天才儿童'"的文献资料有很多,总共有 44 页,共计 878 条结果,而且每一页都包含了多个标题。研究者可以根据自己的需要选择相应的标题进一步查阅。当然,我们也可以再缩小范围,在中间"分组浏览"菜单下,按照"学科、发表年度、被引"等条件进一步浏览。如我们看到"2010 年度"的文献数目最多,显示为 83 篇,我们就点击进入,先重点浏览 2010 年度的相关文献。

三、锁定与研究课题有关的文章

研究者可以逐一查阅检索到的所有文献资料,也可以根据需要和自己对检索到的标题的解读,选择与研究课题更为相关的文献进一步查阅。比如,我们在进入 2010 年度的文献页面之后,发现第 12 条文献《中国儿童超常教育的历史回顾与思考》很有价值,就可以进行详细查阅。点击标题名称(即篇名),可以看到有关《中国儿童超常教育的历史回顾与思考》的内容摘要及其他相关信息,如图 3-6 所示。

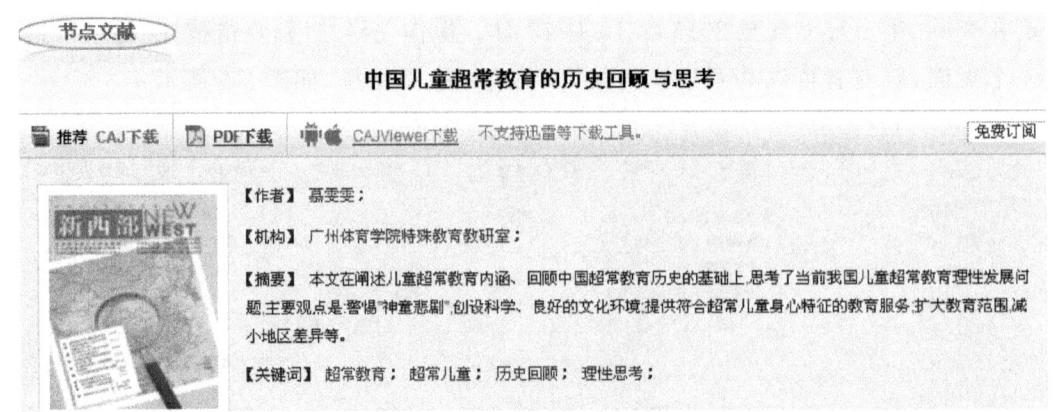

图 3-6 重点查阅文献页面

此外,CNKI 还为研究者提供了"参考文献"和"相似文献"链接。由于其信息量相对比较集中,因此研究者能在较短的时间内检索到大量与《中国儿童超常教育的历史回顾与思考》相关的其他文献,而且还可能找出此研究领域中重要的、丰富的一级文献资料和被引次数最多的文献。这些信息对我们的研究非常有价值。

四、阅读和下载文献

研究者浏览内容摘要及其他相关信息后,如果需要,则可以点击此页面上方的阅读按钮下载文献《中国儿童超常教育的历史回顾与思考》,并详细阅读全文,从内部效度和外部效度两方面进一步评估此文献的重要程度,确定其参考价值。当然,如果我们从上一个步骤单看标题就感觉文献非常有价值了,就可以直接点击文献标题后的"下载"绿箭头,进行下载。

需要指出的是,两种不同的下载方式(CAJ 格式和 PDF 格式)需要配不同的浏览器,高校的图书馆一般都为此提供了相应的浏览软件,研究者可以根据不同的需要下载相应的浏览器,然后进一步阅读该文献。

五、整理文献资料

阅读和下载完文献资料并不意味着文献研究工作已经结束,相反,教育研究者还需要对大量的文献资料进行整理。即将文献资料按内容或重要程度排序或分类,同时剔除无关材料。否则文献像滚雪球一样越积越多,反而会让研究者无从下手,增加焦虑感。

以"小学数学天才儿童的鉴别与培养"这一研究问题为例,如果研究者从"小学数学天才儿童的界定""小学数学天才儿童的鉴别与选拔""小学数学天才儿童的培养"以及"小学数学天才儿童培养的意义"四个方面进行构思,那么在研究者查阅的上述所有文献资料中,与此无关的资料就需要剔除,或者根本不予以下载。研究者主要分析所占有的文献资料是如何对这些问题进行研究的、研究到了什么程度,还有哪些问题有待进一步探讨。

通过初步的整理,研究者基本能够判断文献本身的价值。但由于文献资料庞杂,为以后更便捷地查找和使用这些文献,研究者还需要在此基础上对文献资料编码登录。即研究者根据对文献资料的理解,结合自己对研究问题的构思,打破所查阅文献的固有结构与框架,赋予其新的意义,然后再以新方式和逻辑重新组合起来。

因此,对于"小学数学天才儿童的鉴别与培养"的相关文献资料,研究者可以从小学数学天才儿童的定义、意义、鉴别选拔与培养等几方面将检索到的文献资料进行分类,然后对每一类文献资料中的每一份资料编上码号。最后进行归档整理,以备后用。

六、撰写文献综述

教育文献研究的最后一个步骤是撰写文献综述。其目的在于梳理所要研究问题的背景和来龙去脉,突出进一步研究的必要性,同时表明研究者对该领域有着一定的了解和把握。比如,在撰写关于"小学数学天才儿童的鉴别与培养"这一研究问题的文献综述时,研究者除梳理该问题研究的背景和意义,梳理国内外对天才儿童包括数学天才的界定与描述,更要分析原有的研究人员主要对这一问题做了哪些具体的研究?他们运用了哪些研究方法?得出的主要结论是什么?还有哪些问题有待进一步研究?在此基础上,准备一份完整的参考文献目录。

事实上,研究者对于"小学数学天才儿童的鉴别与培养"这一问题需要检索的文献还有很多,比如百科全书、著作以及国家相关的法规政策等。鉴于检索流程相似,我们在此不逐一赘述,研究者可以以此为鉴,扩大查阅范围,得到更多启发和灵感。

知识要点

1. 文献的定义。
2. 文献的级别。
3. 文献研究的程序。
4. 撰写文献综述。

思考与练习

1. 为什么要进行文献研究?
2. 从当下教育热点问题中,选择自己感兴趣的一个问题,广泛查阅相关文献,撰写一份教育文献综述,并与他人交流。

第四章　教育调查研究法(上)

学习目标

1. 了解教育调查研究的概念与历史。
2. 明确教育调查研究的特点。
3. 理解教育调查研究的分类,能够根据研究实际选择合适的研究类型。
4. 掌握教育调查研究的一般过程。

本章简介

调查研究是科学研究中搜集第一手资料的一种重要方法,目前已广泛应用于教育研究的各个领域。运用调查研究法可以帮助研究者了解教育现实,改进教育工作,提高教学质量。本章针对小学教育日常研究的需要,简述教育调查研究的概念与特征、教育调查研究方法的分类及教育调查研究的一般过程,希望为小学教育专业学生及一线教师掌握、运用教育调查研究方法提供帮助。

调查研究是社会科学研究中的一种基本方法,在教育研究中具有广泛的适用性。调查研究是一种描述性、经验性的研究,着重于在搜集资料、获取科学事实的基础上进行分析与概括。与历史研究法不同,调查研究着重于对现实情况的了解与分析;区别于实验研究法,调查研究对研究对象不施加控制或干涉,重在了解研究对象在自然情境下的实际情况。教育调查研究按照科学的方法与步骤,搜集第一手的教育资料,为了解教育事实提供依据,方便教育研究者分析、解决教育问题,在教育研究中发挥着重大作用。

第一节　教育调查研究概述

一、教育调查研究的概念与历史

在《现代汉语词典》中,"调查"是指"为了解情况进行考察","研究"是指"探究事物的性质、真相和规律"。作为一种研究方法,调查研究是指在科学理论的指导下,有目的、有计划地运用观察、问卷、访谈、测量等方法,搜集关于研究对象的客观事实材料,并在此基础上对搜集来的事实材料进行分析与概括,以求获得事物的性质、规律。"调查"和"研究"既有区别,又有联系。调查是研究的前提和基础,没有调查,研究无从开展;研究是调查的发展和升华,没有研究,缺乏深入的提炼,调查也就失去了意义。①

教育科学的调查研究法是在教育理论指导下,运用观察、量表、问卷、访谈、个案研究以及测验等科学方式,搜集教育问题的资料,从而对教育的现状做出科学的分析认识并提出具体工作建议的一整套实践活动。② 在教育实践当中,教师要了解学生的学习态度,学校要了解师生关系状况,教育研究者要了解新教法在教学实践中的效果等,这些都离不开调查研究。

调查研究的历史可以追溯到奴隶社会时期,中国古代大禹时期的"定九州,记民数"堪称最早的社会调查实践之一。当时的调查规模不大,项目不多,内容不复杂,方法比较简单,因而调查结果也比较粗糙。直到资本主义生产方式在欧洲确立,社会调查才逐渐形成一门科学。③ 当时的政府、社会团体和学者运用调查研究法了解失业、贫富差距等社会问题,以寻求解决问题的方案。例如,共产主义思想的形成就基于马克思、恩格斯进行的一系列调查研究工作。在近代教育史上最早的调查研究是1897年由美国人来斯开展的"拼写练习调查"。他把美国小学生每天花在拼写课上的平均时间及他访问过的每所学校的拼写水平等资料统统搜集起来。调查结果表明,小学生的拼写成绩同所花时间并无联系。④ 此后,教育调查研究发展迅速,相继开展的有关于学校教育情况的调查,也有关于教育经费的调查,并开始使用统计的方法对研究资料进行整理。1925年斯坦福大学编辑出版了《学校调查》一书,到1933年,美国学校调查报告达400多份,这些资料为教育调查研究的形成和不断发展提供了重要的实践基础。⑤

在中国,应用近代调查理论和方法开展教育调查活动始于20世纪初。1921年由张伯苓、范源濂、严修等近代教育家发起成立了实际教育调查社,同年9月6日,美国教育家孟禄应邀来华与该社一起调查中国教育实际,调查团深入10余省市开展调查,为1922年"壬戌学制"的制定奠定了基础。中华人民共和国成立后,针对高等院校院系调整、素质教育等问题,教育研究者陆续进行了一系列教育调查,推动了我国教育教学改革的发展。

---

① 胡东芳.教育研究方法——哲理故事与研究智慧[M].上海:华东师范大学出版社,2009:119.
② 裴娣娜.教育研究方法导论[M].安徽:安徽教育出版社,1995:158.
③ 董艳.教育研究的方法与工具[M].北京:清华大学出版社,2014:57.
④ 李方.现代教育研究方法[M].广州:广东高等教育出版社,2000:71.
⑤ 李强,覃壮才.教育研究方法教程[M].北京:北京理工大学出版社,2009:86.

二、教育调查研究的特点

1. 调查方法多样,手段灵活

教育调查研究可以根据不同的研究目的、研究对象,采用问卷、访谈、观察、测量等不同方式来搜集资料,调查方式灵活、针对性强。在实际调查中,研究者一般综合使用几种调查方法,提高调查的效度。例如,北京大学教育学院教授刘云杉所著《学校生活社会学》,在调查中就采用了观察法、访谈法和问卷调查法,全面展现了学校生活。

2. 在自然状态下进行研究,简便易行

教育调查研究在自然情境中进行,对研究对象不施加干涉和控制,与需要严格控制研究对象的实验法相比较简单方便、容易操作。在实际研究中,调查研究可以在原有自然班级的基础上开展,不用打乱原有教学班级,基本不影响教学秩序。对于一线教师来说,调查研究也方便在日常工作中开展,例如教育家苏霍姆林斯基就在日常工作中对学生进行研究。他长期注意观察"差生"和"调皮学生"的行为表现,先后对3700多名学生做了观察记录,完整地记录了178名"最难教育"的学生的曲折成长过程[①],这些日常工作中的观察研究,正是其教育思想形成的基础材料。

3. 调查效率高,范围广

教育调查研究基本不受时间、空间限制,能够在较短时间内进行大范围的调查,搜集大量的第一手资料。著名的调查报告《国家在危急中》能够在一年半的时间内了解全美国的教育质量,所采用的正是调查研究法。

但是,教育调查研究也存在不足。

第一,不能确定研究对象间的因果关系。

教育实验研究能够改变条件,可以把某种特定的实验因素控制或者分离出来,从而能够观察到某种实验因素的效果。教育调查研究由于在自然状态下搜集资料,无法像实验法一样控制、改变条件,难以揭示研究现象间的因果关系。例如,通过调查研究发现学生课外阅读量与其语文学习成绩具有密切的关系,但是单纯通过调查研究无法得出谁是因谁是果的结论。

第二,调查的信度依赖于调查对象的合作程度。

教育调查研究中的问卷、访谈、观察等方法都需要研究对象的配合才能顺利开展,若研究对象在调查过程中隐匿自己的真实想法,或为迎合调查者的目的改变自己的想法、行为,调查研究的可靠性就难以保证。特别是在大规模的问卷调查中,调查者无法获知被调查者填写问卷时的状态,也就无法确定被调查者是否认真作答。

---

① 华国栋.教育科研方法[M].南京:南京大学出版社,2000:71.

第二节 教育调查研究的类型

根据不同的分类角度,教育调查研究主要有以下几种分类体系。

一、根据调查方法的不同,教育调查研究可分为调查表法、问卷调查法、访谈法、观察法[①]

1. 调查表法

调查表法是指研究者将要了解的信息项目编制成表格,由研究对象填写的方法。调查表偏重于基本数据资料的搜集,如"学生基本信息表""学校课程开设情况表"。调查表法简便易行,便于统计,在教育研究中应用广泛。

2. 问卷调查法

问卷是一种列出若干问题让人回答的书面材料。问卷调查法是指利用问卷的形式,根据研究目的列出相关问题,选择调查对象进行回答,来获取信息和资料的一种研究方法。该方法最早由高尔顿(Galdon)用来研究英国科学家和双生子。他在搜集数据时感到——调查相当费时与费钱,于是就把所要调查的问题印在纸上,不料取得重大成效。[②] 此后,问卷调查研究法凭借效率高、调查范围广、简便易行、便于量化的特点得到广泛应用。在教育研究中,像"小学生心理健康状况调查""教师生存状况调查"等都可以采用问卷调查法。

3. 访谈法

访谈法是研究者通过与研究对象进行有目的交谈来获取所需资料的一种调查方法,又称"访问法""谈话法"。访谈以问答的形式开展,可以是面对面地直接交谈,也可以借助电话或网络通信工具进行交谈,可以是一对一的个别交谈,也可以进行多人集体访谈。访谈调查法方式灵活,不受书面语言文字的限制,可以与调查对象进行深入交流,从而获取更深层次的信息。例如,在教育活动中教师开展"小学高年级数学学困生"的课题调查,为了解某些学习困难的学生的真实问题就需要进行深入访谈。

4. 观察法

观察法是研究者通过感官或借助仪器,对处于自然情境中的研究对象进行系统考察,以获取所需研究资料的一种调查方法。与日常生活中自发的、偶然的观察不同,教育研究中的观察是一种有目的的观察,有确定的观察步骤、观察范围与观察方法,且对

---

① 关于观察、访谈、问卷方法的具体介绍,详见第五章。
② 刘良华.教育研究方法专题与案例[M].上海:华东师范大学出版社,2007:175.

观察结果的记录有详细的要求。如果用一个等式表示,即"观察＝一边看＋一边想",观察者输入的信息加上其解释性的理解(理解性的解释)构成了观察所得。所以,观察不仅仅是人的感觉器官直接感知事物的一个过程,而且也是人的大脑积极思维的过程。① 观察法不需要操纵和控制调查对象就能了解学生在日常生活中的真实表现,因而被教育研究者广泛采用。例如,我国著名儿童教育家陈鹤琴先生以他的长子为观察对象,连续进行了 808 天的周密观察,最终写成《儿童心理之研究》一书,该书在儿童教育领域产生了重大影响。

二、根据调查对象范围的不同,教育调查研究可分为普遍调查、抽样调查、个案调查

1. 普遍调查

普遍调查又称全面调查,是对研究对象的全体进行调查,以求全面、准确地了解调查对象。例如,"全国小学适龄儿童入学率调查""山东省教师队伍基本情况调查"。但是,普遍调查涉及范围广、工作量大,需要较高的物力、人力、财力,调查者要根据实际情况慎重采用。

2. 抽样调查

抽样调查是从调查对象的全体中抽取一部分作为样本进行调查,根据对样本的分析来推断总体情况的一种调查方法。例如,"小学生心理健康状况调查"可以在全国选取有代表性的地区进行调查,来推断全国小学生的心理健康情况。抽样调查的调查范围小、操作简便、效率高,在教育调查研究中应用广泛。但在应用此种方法时要注意选择合适的抽样方法,因为样本的代表性决定着抽样调查的成败。②

3. 个案调查

个案调查是在全体研究对象范围内选择个别具有显著特征的对象进行调查。③ 由于个案调查针对的研究对象少,方便进行深入、细致的调查,从而能够全面了解调查对象。例如在《王小刚为什么不上学了——一位辍学生的个案调查》④中,研究者运用个案调查的方法,对一位具有代表性的辍学生及其家长、老师、同学进行访谈,力求探寻其辍学的原因和经过。通过王小刚辍学的经历,我们可以了解辍学生普遍面对的一些困难,从而调动起社会各界对辍学现象的关注。但是个案调查在研究对象的选择中主观性较大,代表性差,常与抽样调查结合使用,作为抽样调查的丰富、补充。

---

① 魏薇,王红艳,路书红.教育研究方法[M].济南:山东人民出版社,2007:175.
② 具体抽样方法的介绍请见第二章。
③ 金哲华,俞爱宗.教育科学研究方法[M].北京:科学出版社,2011:103.
④ 陈向明.在行动中学作质的研究[M].北京:教育科学出版社,2003:322—339.

三、根据调查目的不同,教育调查研究分为现状调查、发展调查、预测调查

1. 现状调查

现状调查是以了解研究对象目前状况与特点为目的的调查方法,例如"小学生道德教育现状调查""中学生性教育状况调查"。教育研究者通过调查获得关于研究对象的描述性资料,为进一步采取相关措施、改变现状提供依据。

2. 发展调查

发展调查是为了解某一教育现象的某一特征随时间延续如何发展变化而进行的调查,例如,小学生的自学能力随年龄不同表现出哪些特点就是一项发展调查。发展调查可分为纵向调查和横向调查。纵向调查是指对同一研究对象在不同时间进行多次同质调查,以研究其发展变化情况;横向调查是指在同一时间内对不同研究对象进行相同的调查,以了解教育现象的某一特征在不同年龄阶段的特点。如上述关于小学生的自学能力随年龄不同表现出哪些特点的调查,如果采用纵向调查就要选取小学一年级学生为调查对象,连续调查六年;如果采用横向调查,则可以在小学一至六年级同步开展调查。发展调查的结果有利于教师根据学生的年龄特点选择合适的教学内容、教学方法,有针对性地开展教学。

3. 预测调查

预测调查是以推断、估计研究对象未来发展趋势为目的的研究方法,重在了解事物将会怎样,例如"素质教育环境下对教师素质的新要求"等。

四、根据调查内容的不同,教育调查研究可分为事实调查和意向调查

1. 事实调查

事实调查是以了解调查对象的现状为内容的研究,主要解决"是什么"的问题,一般以搜集来的数据和材料说明问题。如《进城农民工子女义务教育调查研究——基于济南市普利初级中学个案调查》[①]中,研究者通过调查搜集的数据说明了城市中受教育的农民工子女的群体特点及农民工子女定点学校的模式特点,并在了解事实的基础上提出了解决农民工子女义务教育问题的对策。

2. 意向调查

意向调查研究的是调查对象对某一问题、事物的态度和看法,如小学教师如何看待批评教育的调查,学生家长对减负的意见调查等。

---

① 毕誉馨,米热依古丽,李晨.进城农民工子女义务教育调查研究——基于济南市普利初级中学个案调查[J].山东农业大学学报,2008(4):85—90.

第三节 教育调查研究的一般过程

在教育调查研究中,虽然有不同的研究对象、研究问题和具体调查方法,但一般要遵循以下步骤进行研究。

一、确定调查研究课题

科学研究始于问题,波普尔曾说"科学知识的增长永远始于问题,终于问题——愈来愈深化的问题,愈来愈能启发大量新问题的问题"。中小学教师虽然不是专业的研究者,但是作为教育实践者,他们最接近教育实际,也最容易发现教育中的问题。对于教育研究中的大量问题,研究者首先要思考该问题是否适合用调查法来研究,一般情况下,关于"为什么"的问题不是很适合调查研究,而关于"是什么""怎么样"的问题则比较适合调查研究[①],例如《中小学心理健康教育的调查研究》《农村留守儿童生存状况调查》。

一般来说,研究者最初在头脑中形成的研究问题只是一个大概的方向,要进行科学的调查研究就要对问题进行细化,明确调查研究的方向。首先,研究者可以通过查阅文献了解该问题的研究现状,明确已有研究成果,不做重复研究。同时,发现已有研究的空白,生成自己的研究方向。例如,在《武汉市回民小学双语教育的调查与研究》[②]一文中,研究小组首先关注"双语教育"问题,通过查阅文献,总结出目前研究的两点不足之处,一是对回族双语教育的研究很少,而且忽略了非聚居地回族的双语教育,二是对民族语言的"人文性"缺乏足够关注。针对不足,研究小组确定了自己的研究方向:调查在非少数民族聚居地外的城市中回族学生的双语教育情况。此外,研究者可以通过观察、访谈等方法,对研究问题进行初步的了解,以缩小研究范围,明确研究方向。

研究方向明确之后,调查研究的课题也就初步确定下来了,接下来要对自己的研究课题进行论证,以保证研究的意义性和可行性。一般要考虑以下方面:首先,调查研究的课题要有价值,通过调查得来的资料要能够客观反映研究对象的实际情况,要有助于事实的澄清或规律的发现,不能是对已有调查的重复。其次,调查研究的课题要有可行性,调查课题的内容和范围不能太大,要根据客观条件(人力、物力、财力、时间等)和主观条件(自身知识基础、科研能力、专业特长、研究兴趣等)来确定,此外也要

---

① 陈向明.教育研究方法[M].北京:教育科学出版社,2013:83.
② 李娜.武汉市回民小学双语教育的调查与研究[J].文学教育 2015(10):102—106.

考虑进行研究的时机是否成熟。最后,教育调查研究的课题名称在表述方面要明确、具体,最好采用陈述句的形式。

二、选定调查研究对象

调查对象要根据已确定的调查课题来选取。有些调查研究有明确的调查对象,如"××小学低年级学生课外阅读情况调查",调查对象就是该校低年级全部在校生。而有些调查研究的对象范围会很大,难以进行逐一调查,如"全国小学低年级学生课外阅读情况调查",在短时间内很难实现对全国每一所小学低年级学生课外阅读情况进行调查,在这种情况下,就要对研究对象进行抽样,选取部分有代表性的学校开展调查。在抽样中,要特别注意样本的代表性,抽样偏差将影响研究的真实性。例如,1936年,美国《文摘周刊》杂志上的一项有关总统大选的民意调查,调查结果预测兰登将在总统选举中获胜,罗斯福落选。但事实正好相反。虽然民意调查是随机抽样的,而且样本数也不少,但调查者的样本主要是从电话号码簿和汽车登记册中抽取的。1936年有电话和汽车的人仅代表了美国选民中的某个特定阶层,对于选民总体来说不具有代表性。因此,样本没有代表性,抽取的样本在质上与总体特征不相吻合。[①]

三、拟订调查研究计划

教育调查研究的过程一般比较复杂,涉及方方面面的准备和工作,因此,在进行调查之前要制订出研究计划,以保证研究能够有序开展。

调查研究计划一般包括以下内容:(1)调查研究课题和对象。写明调查研究的问题和目的,以及相应的调查对象和范围。(2)确定调查研究的方法,并制定出相关调查问卷、访谈提纲或观察项目。每种调查研究方法都有各自的优缺点和适用范围(我们将在下一章中详细介绍几种常用的调查研究法),要根据调查研究的目的和研究对象的特点进行选择。一般来说,问卷调查适用于大规模的调查研究,能够在短时间内获取研究对象的意见、态度等方面的基本信息,但调查结果广泛而不深入;访谈调查能够深入了解研究对象的想法,但需要较多的人力和较长的时间,一般适用于小范围的调查或者作为问卷调查的丰富与补充;观察法适用于在自然情境中,无法改变原有教学班的情况下,了解研究对象的行为表现。有必要时,调查研究可以取长补短综合采用多种方法。(3)确定调查研究的实施步骤、时间与地点。要提前与调查对象联系,商定合适的调查时间和地点。案例4-1简单呈现了一份调查计划,供读者参考。

---

① 参见华国栋.教育研究方法[M].南京:南京大学出版社,2005:52.

> **案例 4-1　调查计划示例**
>
> **"我最喜欢的人"——他人对幼儿人际吸引的调查**[①]
>
> **调查目的**：通过对幼儿的调查，了解幼儿"喜欢"哪些人，分析影响幼儿"喜欢"的因素及形成机制，探讨他人对幼儿吸引的作用及发展他人对幼儿人际吸引的策略。
>
> **调查时间**：　　年　　月　　日
>
> **调查地点**：某市妇联幼儿园、商业幼儿园、印染厂幼儿园、市级机关第二幼儿园
>
> **调查对象**：中班、大班幼儿 200 名左右
>
> **调查方法**：访谈法
>
> **调查步骤**：(1) 与幼儿园园长联系，说明来意。
>
> 　　　　　　(2) 和班主任联系，随机抽取访谈幼儿，摘录幼儿的"登记表"，了解家庭背景（主要抚养人及其职业、文化程度）。
>
> 　　　　　　(3) 接触幼儿，营造访谈气氛。
>
> 　　　　　　(4) 访谈实施。
>
> **调查内容**：(1) 幼儿喜欢哪些人？（多少、种类，了解喜欢的广度）
>
> 　　　　　　(2) 最喜欢谁？其次是谁？（了解喜欢的深度）
>
> 　　　　　　(3) 幼儿喜欢这些人的哪些品质？（做什么？怎样交往？了解喜欢的品质）

总之，调查计划要符合实际、切实可行，并尽可能考虑到各种情况，做到细致、周密。

四、实施调查

在实施大规模的正式调查之前，有必要进行试探性调查。试探性调查又称试点调查，指小规模的样本调查，[②]即在选定的调查对象中选取一个小范围的样本，采用选定的研究方法进行预调查，以检验研究的可行性如何、研究方法是否恰当、问卷或访谈的题目是否合适、能否全面客观地搜集所需资料等。在此基础上对调查的方式方法、调

[①] 华国栋.教育研究方法[M].南京：南京大学出版社，2005：155.

[②] 廖盖隆，孙连成，陈有进，等.马克思主义百科要览·下卷[G].北京：人民日报出版社，1993：1681.

查的题目进行调整,以求达到最佳的调查效果。

调查的实施是整个调查研究过程中的关键一步,要严格依照调查研究计划搜集资料,当研究中确实遇到与计划不符的情况时要从实际出发对原计划进行调整,力求将计划性和灵活性有机结合。在调查资料搜集过程中,研究者要避免主观臆造,如实记录调查情况,尽量保持材料的客观性。若有多组调查人员,要保证各组成员采集材料的标准统一,以保证材料的信度。对于不符合研究假设的调查资料,要如实记录,不能随意删减,这些"意外"的资料往往最能说明问题也最容易产生新发现,研究人员要认真对待。

五、整理、分析调查材料

对经过调查而得到的大量资料,研究者要通过整理和分析才能发现问题、总结概括出规律。

首先要对资料进行整理,以确保研究资料的可靠性,同时使研究资料条理化、系统化。整理的步骤包括审查、分类。审查是对研究资料的客观性、准确性进行检查。如,检查访谈调查中研究者的提问是否带有主观色彩或者导向性,调查问卷的回收率是否达到要求等。在对研究资料审查的基础上,再按照一定的标准对研究资料进行分类,最常见的分类是把研究资料分为质性描述性资料和可以量化的资料。合理的分类是对研究资料进行有效分析的前提。

对研究资料的分析包括定性分析与定量分析两种。

定性分析以质性描述性资料为对象,在内容上关注事物发展过程及其相互关系,主要是立足于从哲学、心理学、历史学、政治学等层次上的探讨。[1] 定性分析的主要方法有:因果分析法(分析现象之间的因果关系)、归纳分析法(由个别现象归纳出一般概念和原理)、比较分析法(把两个或两个以上的事物加以对比,确定事物之间的相同点和差异点)、系统分析法(把要分析的资料作为一个系统,综合运用上述方法进行综合分析)。定量分析的对象是具有数量关系的资料,包括数字、文字、图形或声音等,而方法则主要是数学分析的方法[2],目的是掌握研究对象的数量关系,以揭示研究对象的本质和规律。例如,对于问卷调查的结果,可以借助 SPSS 软件分析各项指标的状况,从而推断整体的情况。

此外,研究者需要注意的是,在调查资料刚搜集上来的时候就应该着手进行整

---

[1] 全国硕士研究生入学统一考试辅导用书编委会.教育学专业基础综合考试大纲解析[M].北京:高等教育出版社,2012:231.
[2] 裴娣娜.教育研究方法导论[M].安徽:安徽教育出版社,1995:344.

理与分析,如果等到资料搜集工作全部完成之后再进行整理,要面对的往往是堆积如山且杂乱的大量资料,让人无从下手。早早地整理、分析可以使资料保持条理化、系统化,也能够帮助研究者及时检验调查的效果,及时调整资料搜集的方向、弥补资料的不足,若等到调查结束后发现资料有缺失,此时再进行资料的补充搜集,往往比较麻烦。

六、撰写教育调查研究报告

教育调查研究报告作为教育调查研究的最终成果,要在对调查资料整理、分析的基础上,依据科学的教育理论,对最初要调查研究的问题做出解释,阐明通过调查研究得出的结论,提出可行的建议或解决方法。教育调查报告的撰写要做到观点与材料一致,要有独立思考的内容,不能罗列调查资料;此外,教育调查报告的书写要符合规范,文字简练,表述准确。① 一般来说,调查报告的内容要包括以下几个方面:(1)研究背景和选题价值说明;(2)调查的工具、方法、对象及过程的简要说明;(3)调查结果说明;(4)对调查过程及结果进行分析、讨论;(5)得出研究结论及提出有关对策。②

调查研究作为一种重要的研究方法,在教育研究中发挥着重大作用。教育调查研究通过对教育现象的了解和分析,能够揭露教育发展中存在的问题,激发社会的关注与思考,促进教育问题的解决,推动教育的进步。通过调查研究能够帮助教育工作者发现和总结成功的教育经验和先进的教育理念,促进教育经验和教育理念的推广,不断提升教育质量。同时,教育调查研究的结果能够为各级教育管理者、决策者提供依据,提高教育管理、教育决策的科学性和针对性。

 知识要点

1. 教育调查研究的特点。
2. 教育调查研究的类型。
3. 教育调查研究的一般过程。

 思考与练习

根据教育调查研究的一般过程,结合自己的兴趣,设计一个教育调查研究方案,开

---

① 本章附录中引用了张彩云与海霞有关"不合格教师"认知的调查研究报告(框架部分),供参考,并对两位作者致谢。
② 陈时见.教育研究方法[M].北京:高等教育出版社,2007:80.

展一项调查研究。

附录：

中小学教师与家长对"不合格教师"认知的调查研究[①]

张彩云，海霞

摘要：本文采用随机抽样法，通过对北京、新疆、河南、四川、陕西等地的1187名中小学教师和1225名家长进行问卷调查，比较他们对不合格教师认知方面的异同。结果发现：中小学教师和家长对不合格教师标准的认识高度一致，均非常看重道德品行和教育教学态度；教师和家长都认为当前处理不合格教师存在的最大问题是对不合格教师的认定缺乏统一的标准以及处理不合格教师的相关法律法规不具有实际操作性。在对不合格教师的处理程序及面临困境方面，教师和家长的认知存在明显差异。笔者建议，应以教师道德品行和教育教学绩效为重点，制定明确统一的教师退出标准；根据教师不同的行为问题，构建相应的处理程序；建立教师退出制度要充分保障教师权益，同时让家长参与教师评议，发挥积极作用。

关键词：不合格教师；认知；中小学教师；家长

……

何为不合格教师？目前我国的相关政策和文件中并没有明确规定。一般而言，判断"不合格"的主要依据是不满足"要求"，因此，教师是否达到相关的资格标准、是否尽到应尽的义务和责任是判断其合格与否的条件。目前我国的相关法律法规大多从合格教师的认定资格方面进行了说明，达到了这些标准就是合格教师。除了从合格教师方面进行规定外，部分法律法规还对教师的不恰当行为进行了界定。我国《教师法》第37条规定了三条教师不良行为：一是故意不完成教育教学任务给教育教学工作造成损失的；二是体罚学生，经教育不改的；三是品行不良、侮辱学生、影响恶劣的。教师有上述情形之一的，由所在学校、其他教育机构或者教育行政部门给予行政处分或者解聘。而《教师法》对不合格教师的具体认定标准、解聘不合格教师的主体和程序则没有涉及。判定和处理不合格教师，需要深入了解教师和家长的态度和需求，这样才能保证政策的顺利推行。本研究旨在探讨教师和家长对不合格教师的认定标准、处理程序及处理时存在困境的认识，比较其异同，为构建和实施教师退出制度提供参考。

[①] 张彩云,海霞.中小学教师与家长对"不合格教师"认知的调查研究[J].教育发展研究,2014(12)：66—71.

一、研究方法与过程

（一）研究对象

本次调研采用随机抽样的方法，选取北京、新疆、河南、四川、陕西等地的中小学教师和家长作为研究对象。调查共发放教师问卷 1187 份，回收有效问卷 1090 份，问卷有效率为 91.8%，其中小学教师 676 名、中学教师 414 名。发放家长问卷 1225 份，回收有效问卷 1123 份，问卷有效率为 91.7%，其中小学家长 507 名、中学家长 616 名。（研究对象分布情况表略）。

（二）研究工具

本文参照中国台湾学者何文馨等人编制的不合格教师调查问卷，编制预试问卷。通过专家审查问卷内容并提出修改意见，建立专家效度。问卷内容分为两部分，第一部分是被试的基本信息，教师问卷包括教师的性别、教龄、学校所在区域等，家长问卷包括家长的身份、学历、学校所在区域、是否为家委会成员等；第一部分为问卷的主体内容，包括对认定不合格教师的总体看法、不合格教师的认定标准、处理不合格教师的程序及处理不合格教师面临的困境四个方面的内容。改编后的问卷共 40 道题目，采用 5 点计分方式，从"非常赞同"到"极不赞同"，问卷的内部一致性系数为 0.897。

对中小学教师和家长分别进行试测，所有数据采用 SPSS19.0 统计软件进行数据管理和统计分析。

二、研究结果与分析

（一）中小学教师和家长对不合格教师的总体认知比较

……

（二）中小学教师和家长对不合格教师判定标准的比较

……

（三）中小学教师和家长对不合格教师处理程序认知的比较

……

（四）中小学教师和家长对不合格教师面临困境的认知比较

……

三、讨论与建议

（一）中小学教师和家长均非常重视教师道德品行和教育教学态度

……

（二）制定明确的不合格教师判定标准是中小学教师和家长的共同愿望

……

（三）中小学教师和家长对不合格教师的认知存在差异

……

（四）政策建议

……

参考文献

……

第五章 教育调查研究法(下)

学习目标

1. 理解观察法、访谈法、问卷调查法这三种调查法的特点和各自优势。
2. 通过实际操作掌握和体会观察法和访谈法,学习编制调查问卷。

本章简介

前面第四章从整体的角度勾勒了调查研究法,本章则重点介绍调查研究的三种具体手段:观察法、访谈法和问卷调查法。这三种方法非常适合研究小学教育实践问题,相对来说实践者也容易操作实施。通过本章的学习,学习者应该在了解调查研究法的理论框架基础之上,理解这三种调查法的特点和各自优势、步骤及注意事项。更重要的是,通过练习和实际操作,真正在实地研究的过程中学习到如何进行资料搜集与分析,感受调查研究法的真实要义。

调查被认为是人们对事物进行感性认识的方法,它要求人们深入现场进行考察,通过观察、访谈和问卷等方法获取事物的相关信息。研究则是指对调查而来的材料进行去粗取精、去伪存真、由此及彼、由表及里的思维加工。所以,调查研究就是调查者为了了解调查客体的状况而对调查客体进行的查核和计算。这里所说的状况,可能既包括事物"质"的方面,也包括事物"量"的方面。所以,一项理想的调查研究,调研者应把对事物的定性分析和定量分析有机地结合起来。在最后撰写调查报告之时,要做到有观点、有数据、有分析、有对策。在调查研究常用的几种具体方法中,问卷调查法是典型的量化调查法,访谈法则是质性研究最常用的资料搜集法,观察法既可以在搜集数据时独立使用,也常在实施访谈过程中辅助使用,以搜集更细致的信息。三者各有适合的研究目的,并各有优势,能相互补充。当然在现实调查中,我们也可以偏重某一个方面,如仅仅发放问卷,或就用访谈法和观察法实施一项深入的个案调查研究。

第一节 问卷调查法

问卷调查法是社会调查研究中最常用的搜集资料的方法之一,它是调查者运用统一设计的问卷向被选取的调查对象了解情况或征询意见的调查方法。研究者将所要研究的问题编制成问题表格,以邮寄、当面作答或追踪访问的方式填答。继而将回收的问卷进行手工或电脑整理、分析,得出调研结论。

相对于后面要讲的观察法和访谈法,问卷调查法的对象数量即样本数要大得多,可以是几十、几百甚至成千上万,这是它的第一个优点。第二,方便实用,省时省力,如一个短时间段就可以回收起来几百份乃至上千份问卷。第三,便于整理归类,能做量的统计处理,使调查结果的效度和代表性较高。但如果问卷题目设计不科学的话,如问题不明确或题量过大,问题本身没有逻辑性、具有误导性等,也发挥不出问卷的优势。而且,问卷作答的题目多是选择题,很难让研究者获取更深层次的信息。

一、问卷调查法实施的一般步骤

问卷调查法的实施步骤包括设计问卷、选择调查对象、分发问卷、回收问卷等。在这些步骤的实施过程中,调查研究者必须遵循一定的原则。其中的关键环节是编制问卷、选择调查对象和结果分析。

第一步,确定调查目标;

第二步,确定调查对象;

第三步,设计问卷。确立指标体系,草拟前言和题目;

第四步,征求有关人员、专家的意见,并修订题目;

第五步,进行试测,根据试测结果再次修订题目;

第六步,联系调查对象,发放问卷;

第七步,回收问卷,并剔除无效问卷;

第八步,整理分析问卷数据资料。

二、调查问卷的设计

当调查目的确定后,研究者就可以根据调查目的编制一份完整而有效的问卷,这个过程即问卷设计。问卷设计是开展问卷调查的前提,问卷设计的质量直接影响到问卷调查的成败,以及调查结论的科学性、准确性和客观性。因此,问卷设计是问卷调查的关键一环。一份完整的问卷至少应该包括封面信、指导语、问题及可供选择的答案、结束语五部分,每一部分都有其特定的内容与设计要求。问题及备选答案是问卷的主体部分,有三种基本类型,即开放型问题、封闭型问题和综合型问题。除了上述五部分主体内容外,问卷还包括一些有关资料,如问卷的名称、审核员编号、调查日期、被调查者住地、被调查者合作情况等。

1. 问卷的结构

问卷本身的标题表述要精炼、明确,一般需要表明调查目的,概括将要调查的内容,如"中国义务教育阶段教师培训状况调查问卷"。对于一些敏感性的调查,研究者可以适当地调整一下措辞,使用一些含义模糊的字眼,以免引起被调查者的心理不适,致使他们有所顾忌而不能真实填写问卷,从而使调查失去意义。

封面信和指导语可以放在一起,位于问卷名称和问卷具体问题之间,是向被调查者介绍问卷并激励和指导他们认真积极作答的重要工具。研究者首先要向被调查者清楚地说明问卷调查的目的和意义,帮助被调查者了解本调查的潜在价值和自己作答的重要性。其次,研究者要向被调查者保证所有研究人员将对他们作答的内容和信息保密,以消除他们作答时不必要的顾虑,使他们认真作答,填写客观、真实的信息。必要时,研究者还可以明确表示将付给被调查者报酬。再次,指导语还要向被调查者说明作答的方式、方法,告知被调查者填写此份问卷可能花费的时间,以及被调查者在填写问卷时应该注意的事项,引导被调查者正确作答。最后,研究者要向被调查者表达对完成问卷的感谢之情。例如,在一份关于师范生职业态度培养的调查问卷中,其指导语如案例5-1所示。

案例5-1　问卷指导语示例

亲爱的同学:

　　您好! 师范生作为教师队伍未来的新兴力量,扮演着十分重要的角色,肩负着重要的使命。为了解当前在校师范生的职业态度养成的现状,探究影响师范生职业态度的因素,提出如何培养师范生正确职业态度的建议,我们特别设计这份问卷。问卷中的每个问题都没有正确与错误之分,所有结果仅为教育研究所用。请您在符合自己实际情况的选项上划"√",并在填空题和开放题的后面填写答案。

　　我们期待您提供宝贵意见。此问卷不记名,保护您的资料是我们最为关心的事情,请您安心填答。谢谢您的配合!

××师范大学教育学院师范生职业态度调查课题组

2016年9月

问题及可供选择的答案是问卷的主体部分。通过问卷中的问题及可供选择的答案,研究者可以调查和分析被调查者填答的信息,为进一步的研究提供依据。问卷中的问题设计是研究者根据调查目的制定出调查内容、调查维度,然后将这些内容转化成一系列不同形式的问题的过程。由于不同类型的问题反应项不同,研究者将问卷分为封闭式和开放式两种。在封闭式问卷中,研究者需要向被调查者提供每一个问题的可供选择的答案,被调查者按要求从中选择自己认同的答案即可;而对于开放式问卷,研究者不必向被调查者提供答案,被调查者需要根据实际情况自己填写问题的答案。

综合型问卷,形式一般以封闭型为主,根据需要加上若干开放性问题。

结束语一般放在问卷的最后,主要用来表达研究者对被调查者配合的感谢之意,必要时也可征询一下被调查者对问卷设计和问卷调查本身的看法和感受。结束语的表述一定要简短、凝练。

2. 问题及答案设计

问题及可供选择的答案是问卷的主体部分。问题的质量将直接影响到问卷的质量、搜集到的资料的质量,甚至调查的成败。因此,问题的编制是问卷设计的关键所在。

(1) 问题的类型。

根据内容不同,问卷的问题可以分为事实性问题和态度性问题。

事实性问题是关于曾经发生过的、现存的或者即将发生的事件、事物的状态、人的实际行为等方面的问题。在教育研究中,研究者常常需要调查了解的事实性问题有人口学资料、事物的状态和人的实际行为。

人口学资料主要是指反映被调查者个人基本信息的资料,包括被调查者的姓名、性别、年龄、籍贯、职业、受教育程度、婚姻状态、工作单位等。这些资料研究者可根据研究需要有选择地编入问卷①,进行调查,它们一般是排放在问卷的指导语下面,主要调查问题的最前面。事物的状态是指有关事物存在的形式等方面的事实。在教育研究中,研究者常常调查的事物状态有学校的性质、配套设施、管理机构、规章制度、师资构成等。人的实际行为则主要指被调查者的个人行为方式、行为表现以及构成行为的原因等。

态度性问题是反映被调查者实际行为资料的常用问题形式,它主要用来调查被调查者对某一事物和某一现象的认识、看法和感受等。由此,研究者可以深入了解被调查者的思想、观念、价值倾向、行为动机、兴趣爱好等方面的资料。这部分问题构成了问卷的主体。

(2) 题目设计的要求。

首先,问卷题目应该较全面地覆盖研究问题的主要方面,所提出的问题应该是答卷人能够提供信息的问题。换言之,通过问卷调查,研究者应该能够获得研究所需要的信息。此外,除少数几个要求提供背景或者统计信息外,其余题目要与研究课题、假设直接相关,问卷中不应该出现与研究课题无关的问题。

其次,问题的表述要保证被调查者能够读懂。语言要简洁精炼,词句要通俗易懂。具体而言,问题的表述应以简单疑问句和简单陈述句为主,一个题目只准包含一个问题。尽量不使用复杂句式,避免使用推测性的问句、多重否定句。如"你难道不喜欢……""你是不是也可能……"这类问题表述方式,似乎在给被调查者暗示或者诱导,容易引起他们不应该有的猜疑或者揣摩,影响其作答的真实性。另外,问题不能过于笼

---

① "姓名"这一人口学资料项目一般不编制进问卷。

统和抽象。研究者在编制问题时要考虑到被调查者的实际情况,尽量避免使用技术性的术语及行话,在个别情况下不得已使用时,也要保证被调查者能够理解相应术语。比如"你喜欢教师教育类课程吗?"这一问题中的"教师教育类课程"不仅是很多人难以理解的专业术语,而且非常笼统和概括,指代的内容过多,以此提问,使人费解。

最后,问题的数量要适度。即研究者应该通过控制调查问卷题目的数量和作答的时间使被调查者保持作答的兴趣和认真态度。一般来说,问卷不宜太长,通常以回答者在 20 分钟以内完成为宜,最多也不要超过 30 分钟。

(3) 问题答案的设计。

在开放性的问题中,研究者不必设计具体答案,只是在问题之后留下相应的空白页面让被调查者作答即可。但在封闭性的问题中,研究者必须针对每个问题设计相应的答案。就内容而言,应该满足以下要求:一是答案的意义要明确;二是一个问题的各个答案选项要互相独立,不能存在相互包含或者彼此交叉现象;三是对于程度性问题,答案选项要层次分明,有一定的区分度。

问题答案的设计,就形式而言,主要包括以下几种类型:

① 填空式:即在问题后画一短横线,让回答者直接在空白处填写。这种问题一般在最开始,以把握被调查者的基本信息。填空式一般只用于那些对回答者来说既容易回答,又容易填写,通常只需填写数字的问题。比如年龄、家庭人口、收入等这些人口学资料问题。

② 是否式:每个问题提供两种备选答案——"是""否"或者"同意""不同意",被调查者可以从中选择其一。

案例 5-2 是否式问题示例[①]

关于学生自主性情况的调查

我自己决定的事,别人很难让我改变主意。
  A 是   B 否

我的行为不受班里舆论的影响。
  A 是   B 否

学习上,我总有自己的目标和计划。
  A 是   B 否

当我做事情不顺利时,我从不轻易放弃。
  A 是   B 否

---

① 裴娣娜.教育研究方法导论[M].合肥:安徽教育出版社,1999:168.

③ 选择式：选择式的问题答案可以分为多项选择或者单项选择。研究者根据问题设计出几种可能的答案，被调查者从这些选项中根据要求选出一项或者几项。

> **案例5-3　选择式问题示例**
>
> 1. 关于师范大学学生公共课"教育学"学习情况调查。
> 您觉得目前"教育学"课程的开设有必要吗？
> A 很有必要　　B 有必要　　　C 不知道　D 没必要　　　E 完全没必要
> 在实习过程中，您觉得已开设的"教育学"课程对您有帮助吗？
> A 很有帮助　　B 有一些帮助　C 不知道　D 没多少帮助　E 完全没帮助
> 2. 关于小学生课外阅读情况的调查。
> 您目前较多阅读什么类别的书或杂志（最多选三项）：_____？
> A 绘本类　　　　　　　　　B 教材配套读物
> C 英语类　　　　　　　　　D 科幻类
> E 历史　　　　　　　　　　F 人物传记
> G 文学艺术　　　　　　　　H 其他

④ 排序式：研究者根据问题设计出一系列答案，要求被调查者根据自己的情况和态度，按某种标准将所有提供的答案排列出一定的顺序，然后用字母或者数字标记出来。

> **案例5-4　排序式问题示例**
>
> **关于农村小学教师教学情况的调查**
>
> 您在上课中遇到的最主要的问题是（选择三项并依严重程度由高到低排序）：_____？
> A 口头语言表达方面的问题　　　　B 如何组织教学的问题
> C 师生互动的问题　　　　　　　　D 班级管理的问题
> E 课堂进度问题

⑤ 量表式：研究者将答案根据某种标准分成一定等级，由被调查者进行评定，并按某种方式标记出自己所选择的等级。

> **案例 5-5　量表式问题示例**
>
> | | 非不常 | 不满意 | 一般 | 满意 | 非满常意 |
> |---|---|---|---|---|---|
> | 根据您的经验,请对教师培训的以下方面做出整体性评价 | | | | | |
> | A 培训的饮食质量 | — | — | — | — | — |
> | B 培训期间的住宿条件 | — | — | — | — | — |
> | C 学员需要投入到培训中的时间 | — | — | — | — | — |
> | D 学员需要支付的培训费用 | — | — | — | — | — |
> | E 培训学员的选派过程 | — | — | — | — | — |
> | F 培训教师的教学水平 | — | — | — | — | — |
> | G 学员参与到教学过程的程度 | — | — | — | — | — |
> | H 培训机构的管理水平 | — | — | — | — | — |

三、问题的编排顺序

一份问卷往往包含几个或者几十个不同的问题,研究者必须按一定的逻辑将这些问题进行编排,使之形成一个有机的整体,以使被调查者在作答时能按照某种逻辑展开思路,也能帮助研究者将搜集到的问卷资料进行系统的整理和分析。

在安排问卷中问题的次序时应遵循下列常用的规则。

(1) 同类组合,即将性质或回答方式相同或者相似的问题编排在一起。

(2) 先易后难,把简单易答的问题放在前面,把复杂难答的问题放在后面。

(3) 先大后小,即把概括性、背景性的问题排列在问卷前面,把细节性的问题排列在问卷后面。

(4) 把能引起被调查者兴趣的问题、熟悉的问题放在前面,把容易引起他们紧张或产生顾虑的问题、可能感到生疏的问题放在后面。

(5) 一般先问行为方面的问题,再问态度、意见、看法方面的问题。

(6) 若有开放式问题,则应放在问卷的最后面。

另外,在问题编排中,常常会遇到这样的情况:有些问题只适合于样本中的一部分调查对象。比如,"你有几个孩子"这一问题,就只适合于那些已经结婚的调查对象。因此,为了使问卷适合每一个调查对象,我们在设计时必须采取相倚问题(或称为后续性问题)的办法,这是在问题编排中应该注意的地方。

所谓相倚问题,指的是在前后两个(或多个)相连的问题中,被调查者是否应当回答后一个(或后几个)问题,要由他对前一个问题的回答结果来决定,即前一个问题作为"过滤性问题"。

案例 5-6　相倚问题示例

你有孩子吗:

有

没有→请跳过问题 12~18,直接从问题 19 回答。

四、问卷的发放与回收

1. 问卷发放的形式

在教育研究中,研究者一般可采用如下方式发放问卷:邮寄、当面发放和网络发放。

邮寄简便易行,但对被调查者的影响力最低。为提高问卷调查的有效性,研究者可以在信封里附上一封感谢信或者附上相关专家或有影响力人士的推荐信,并且要给被调查者附上寄回问卷用的空白信封和邮票。

当面发送是最有效的问卷发送方式。当面发送、当场填写,被调查者有不明白的问题可以当场询问。而且,由于面对面有利于情感交流,所以,当面发送易于取得被调查者的合作,甚至可以起到当面督促填写之效。但研究者需要注意防止集体场合填写时被调查者之间的相互干扰。

网络发放问卷是当前运用较为普遍的一种形式,创建可以在线填写的网络问卷,通过 QQ、微信、微博、邮件等方式将问卷链接发给相关人士填写。这种形式的优势是保密措施好,不受时间和空间的限制,可以获得更多的信息。因为手机等电子通信设备的普及,可以使用一些方便进入的问卷制作网站(如问卷网、问道网、问卷星)在线填写提交,极大提高了问卷填写与回收的效率。而且调查对象受邀填写完毕问卷以后,调查者就可以在自己的问卷管理页查看数据及统计分析,非常方便。

2. 问卷的回收

对于回收的问卷,首先要对其进行估计,即要了解被调查者未真实反映事情的客观情况,因此教育研究人员需要对收回的问卷进行估计。我们要审视:被调查者是不是因为记忆有误填答的问卷;是不是有装假倾向,如按社会所认可的方式有意做出符合社会倾向的回答,或因为问题涉及隐私做出不真实的回答。另外,我们还要分析这两种情况:在回收的问卷中,有些问卷是空白问卷,即被调查者完全没有作答;还有一些问卷是只有部分问题有作答。我们要判断究竟是问题项目过多还是问题过于复杂,是被调查者有意不答还是他们对问题不能准确理解。如果个别问题不作答的情况很多,研究者就需要对问卷进行修订、再测。

根据上述几个方面的评估,研究者要对回收的问卷进行筛选,剔除不合格的问卷,同时统计有效问卷。一般来说,问卷回收率如果仅有30%左右,调查资料只能作为研究的参考;如果问卷回收率达到50%以上,可以采纳建议;如果问卷回收率达到70%～75%或以上时,调查资料才可以作为研究结论的依据。可见,问卷回收率一般不能低于70%。

如果问卷回收率不足70%,研究人员可以重新发放一些问卷,选择被调查者作答。在某些情况下,为保证问卷回收率和结论的可靠性,研究者甚至可以做小范围的跟踪调查,深入了解未作答的被调查者对问卷的看法,防止问卷结果分析的片面性,并为以后问卷的修改提供必要的依据。回收的问卷可以用SPSS软件进行分析,如果数量不多,也可以进行人工分析。前面提到的网络问卷调查工具,都有在线设计、采集数据、调查结果分析等系列服务。而且调查完成后,可以下载统计图表到Word进行文件保存、打印,或者下载原始数据到Excel导入SPSS等调查分析软件做进一步的深入分析。

五、特殊的问卷要求

前面所提的设计问卷的各种要求都是一般化的,如果要针对小学生开展问卷调查,尤其是低年级小学生,则要进行变通。设计的问题要相对简单些,通俗易懂,贴近小学生的年龄特征和阅读习惯。答案要尽量缩短至两到三个选项,题量要少,形式也要多样、活泼。

例如,我们可以如图5-1那样用笑脸哭脸图像表示回答问题的选项,"不同意、一般、同意",还可以用图5-2那样更富想象力、更有趣的卡通图片,[①]这样更易被小学生看懂和喜欢,不至于产生厌烦感,不配合填写。

图5-1　卡通脸答案选项

---

① [英]戴维·霍普金斯.教师课堂研究指南[M].杨晓琼,译.上海:华东师范大学出版社,2009:109.

　　　　　　　名字_____　　　班级_____　　　教师_____
1. 当你的老师大声朗读课文时，你有何感受？

2. 当有人送给你一本书作为礼物时，你有何感受？

3. 对在家看书自娱你怎么看？

4. 当要你为小组同学大声朗读时，你有何感受？

5. 当要你大声朗读给老师听时，你有何感受？

图 5-2　对小学生阅读态度的调查

第二节　观察法[①]

观察是人类认识周围世界的一个最基本的方法，也是从事科学研究（包括自然科

---

① 本章的"观察"与"访谈"两部分内容，参考了主编自己在 2007 年参编的方法教材（魏薇，王红艳，等.教育研究方法[M].济南:山东人民出版社,2007.）的相关内容。

学、社会科学和人文科学)的一个重要手段。"观"是"又见","察"是"体察、体认",如果用一个等式表示,即"观察＝一边看＋一边想",观察者输入的信息加上其解释性的理解(理解性的解释)构成了观察所得。所以,观察不仅仅是人的感觉器官直接感知事物的一个过程,而且是人的大脑积极思考的过程。在调查研究中,观察法可以说是第一个要使用的方法,而且在后面要谈到的访谈法,也需要辅以观察来搜集更多、更细致的数据。

一、观察的类型

观察可依据不同的标准划分为不同的类型。根据观察的情境条件,可以划分为自然情境中的观察与实验室中的观察;根据观察方式,可以分为直接观察与间接观察;根据观察实施的方式,则可分为结构式观察与非结构式观察,这涉及定量观察与定性观察的区别;以观察者是否直接参与被观察者从事的活动来分,有参与性观察和非参与性观察。

1. 自然情境中的观察与实验室中的观察

自然情境中的观察能搜集到客观真实的材料,但材料往往是观察对象的外部行为表现;实验室中的观察有严密的计划及详细的观察指标体系,对观察情境有较严格的要求。

2. 直接观察与间接观察

直接观察是凭借人的感官,在现场对观察对象进行感知和描述,比较具体;间接观察是借助一定的仪器或其他技术手段为中介进行观察,这类观察突破了人的生理功能的局限性,扩展了观察的深度和广度。

3. 结构式观察与非结构式观察

结构式观察是指有明确的目标、问题的范围,有详细的观察计划、步骤和合理设计的可控性观察。这种观察多属于定量观察,即以编码体系、记号体系(或项目清单)、等级量表等结构化的方式搜集资料,并且以数字化的方式呈现资料的观察。如弗兰德斯互动分析系统(Flanders Interaction Analysis System,简称FIAS),将所观察到的外显的课堂语言活动分为十个种类,每一个分类都对应一个代码。结构式观察的优点是能够获得大量确定和详实的资料,并可以对观察结果进行定量分析和对比研究,但缺乏弹性,对观察人员素质要求较高,也容易把教育现象肢解、片面化,见树不见林。

非结构式观察指对研究问题的范围和目标取弹性的态度,观察内容项目与观察步骤不预先确定,也无具体记录要求的非控制性观察。研究者依据粗线条的观察纲要,以质化的方式(如描述体系、叙述体系、工艺学记录等)搜集资料,在课堂现场对观察对象做详尽的、多方面的记录,并在观察后根据回忆加以必要的、追溯性的补充与完善。非结构式观察的呈现形式是非数字化的,分析手段是质化的。该方法灵活、简单易行、适应强,观察到的信息丰富、全面,但在精确性方面不及定量观察,也与其质量与观察者的语言记录水平、描述能力、个人经验及相关理论水平有关,因此主观性、个性化色彩比较强。

4. 参与性观察和非参与性观察

参与性观察指观察者不暴露自己的真实身份,直接参加到观察对象所从事的活动中,在活动中隐蔽观察研究对象。这种观察法能够获得有关较深层结构和关系的材料,但易受研究者主观因素的影响。

非参与性观察指研究者以"旁观者"身份,采取公开或秘密的方式进行观察。这种观察结果较为客观,但无法深入了解观察对象或事件的深层原因。

在参与性观察中,观察者和被观察者一起生活、工作,在密切的相互接触和直接体验中倾听和观看他们的言行。这种观察的情境比较自然,观察者不仅能够对被研究的现象得到比较具体的感性认识,而且可以深入被观察者的文化内部,了解他们对自己行为意义的解释。在这种观察中,观察者本身的观察技能非常重要。其活动要有明显的自觉性,观察者要提高注意力,主动记录现场的活动;要进行角度广泛的观察;要有自我反省的能力,增强自己对情境的敏感度,将自己的主观感受随时记录下来。

非参与性观察则不要求观察者站到与被观察者同一个地位上或深入他们的日常活动中,而是以"旁观者"身份,采取公开或是隐秘的方式进行。非参与性观察的好处是研究者可以有一定的距离对被观察者进行相对比较"客观"的研究,操作起来相对容易一些。但是,观察的情境有一定的"人为性",被观察者知道自己在被人观察,会受到较多的"研究效应"影响,言行也许会不自然或不同于平常。而且,观察者也很难对研究现象进行即时和比较深入的探究,事后如果不能补救的话将是研究的遗憾。

但实际上,在研究中"参与"与"非参与"之间的界限并不是非常明晰的,真正意义上的"旁观者"与"局外人"是不存在的。多数观察是一种"半参与性"的活动。

二、观察前的准备工作

在观察开始之前,研究者先要做一些必要的准备工作,如:确定观察的问题、制订观察计划、设计观察提纲等。

观察问题的确定自然要服从于研究问题,然后基于此制订一个较详细的观察计划。观察计划至少要包括如下几个方面的内容:(1)观察的内容、对象、范围;(2)观察的地点;(3)观察的时刻、时间长度、次数;(4)观察的方式、手段,即隐蔽还是公开、参与式还是非参与式,是否用录像机等;(5)效度,即审视可能会影响观察效果的因素,以便取得更加可靠的观察资料;(6)伦理道德问题。当然,这六个方面的问题也只是提供一种提示,在具体观察活动中,我们应该根据自己的研究内容设计不同的观察内容和观察提纲。

三、进行实地观察

1. 观察的视角

进入一个现场后,可以先由开放式观察做起,对现场建立起一个整体性了解,然后逐步聚焦,即由非结构式观察到结构式观察。观察的切入点可以是空间的、时间的、人物的、人物间互动的等等。观察初期做全方位的开放式观察,找出研究焦点后进行选择性观察,逐渐聚焦。对于聚焦的程序和步骤,陈向明[①]介绍了"主次程序法""方位程序法""动与静结合法""时间抽样法""场面抽样法"等。如,在某次对小学课堂学生参与度的研究中,要对某个自然班的"课堂学生参与度"进行观察,首先就可以进行一个全方位的观察,在把握课堂的整体情况的同时,了解到参与的广度问题。然后注意到班上主要是哪几位学生发言了,再重点对这几位学生的言行进行观察和分析,以了解该课堂上学生参与的深度问题。

2. 观察记录和分析

在现场做观察记录首先必须按时序进行,所记录的事情之间要有连续性,一个事件接着一个事件。笔录与所发生事件应该是同步的,而不是对该事件做一种总结性的、整体性的描述。即使当时不能记下所有的细节,也要尽量避免用概括性的语言概而化之。比如,我们不能记录"这孩子看上去脏兮兮的",而应该记录细节:"这孩子裤子上沾满泥巴,膝盖上破了一个洞。他的鼻涕流到了嘴边,然后用看上去黑乎乎的手擦了一下。"记录可以不完备,但不能不精确,重要的是要包含足够的细节,以便于以后进行准确、详细的表述分析。所以,在实地进行观察时,我们要有意识地训练自己的反应能力、记忆力和笔录能力。如果当场有的细节记不下来,可以先使用一些代号或缩写形式。

观察记录可以有很多不同的方式,我们可以根据自己的习惯、观察问题、观察内容、观察地点、观察时间以及使用的工具来进行选择。每个研究者都必须找到自己所喜欢的资料记录方式。除了使用我们的眼睛、耳朵、鼻子等感知器官以及录像机等仪器设备外,笔录在观察中也占有十分重要的位置。观察到的事实必须用笔记录下来才有研究的价值。对于不同的观察方式,如我们提到的定量观察与定性观察,记录的方式也有不同。

定量观察因为手头有一个结构性的框架,就可以在这个框架内进行选择性观察并记录,填写观察表,然后进行有目的的分析。如案例5-7中两个定量观察记录表,第一个是以时间为单位观察学生的专注情况,计算出专注百分比;第二个是核查清单式记录,即事先详尽列出要观察的行为清单,如果在既定时间内行为出现便画钩,最后结合勾画情况进行分析。

[①] 陈向明.质的研究方法与社会科学研究[M].北京:教育科学出版社,2000:240—242.

案例 5-7　定量观察记录示例

定量观察记录示例 1：对小学低年级学生上课时注意力集中时间和程度的观察研究

记一次 10min 的语文字词抄写作业：

时间		百分比(%)
开始~5min	全班学生踏实认真书写,没有任何声音动作	100
5min 后	3 人开始看别人的作业,并提出别人的书写毛病	7.8
6~10min	7 人开始有动作,或开始发愣,有的玩铅笔、橡皮等学习用具	18.4
10min 后	20 人开始有动作或发愣,有的开始出声音	52.03
13min 后	6 人完成作业	15.79
20min 后	14 人完成作业(24 人未完成作业)	36.84
又延续5min后	又有 30 人完成作业(4 人未完成)	52.65

定量观察记录示例 2：课堂管理中学生不当行为记录表

时间 不当行为的类型	1.5′	3′	4.5′	6′	7.5′	9′
吵闹或违纪说话	1					
不适宜的活动	1					
不适宜地使用材料						
损坏学习材料或设备						
不经允许拿别人的东西	1					
动作侵扰其他同学						
违抗教师						
拒绝活动	1					

定性观察记录的格式较灵活,一般是描述性的,勾画出观察者对观察对象的整体感知和印象,也可以是对观察对象某一个细节的深描。但要注意,应把观察到的事实与观察者的感觉和思考分开。较为规范的记录格式一般是：用较大的纸或笔记本,在记录的第一页上方写上观察者的姓名、观察内容的标题、时间、地点,以及本笔记的标

号和页码。在记录的时候,每一页被分成两部分,左边用于记录观察到的事实(事实笔记),右边写上研究者的思考(个人思考)。页边上还要留有一定空白,以便今后补充记录、分类和编码。"事实笔记"与"个人思考"笔记要分开。事实笔记一定是第三人称的角度,应对客观事实进行如实的记载。如果我们对观察到的事实有疑惑,应该放到个人笔记部分。观察记录往往以表格的形式存在,表5-1为定性观察记录表示例。

表5-1 "事实笔记"与"个人思考"笔记分开的定性观察记录表

时间	观察到的事实(事实笔记)	观察者的解释和分析(个人思考)
8:00	教师走进教室,学生一齐站起来,大声说:"老师好!"	学生似乎已形成一些固定的课堂规则。
8:05	教师手捧课本,开始念书上的内容。	教师似乎对教学内容不太熟悉。
8:10	教师问了一个问题,"秦始皇是什么时候统一中国的?"所有学生立刻翻书找答案。	教师问的问题都是事实性问题,总需要学生从书中找答案。
8:15	学生回答问题之前都先举手,等待教师点名。	学生没有即兴回答问题的可能性,教师的控制很严。

四、观察者的自我反思

观察是人的主动建构,是人头脑中的意识与感觉材料之间相互作用的结果。任何观察活动都离不开观察者的思考,都必须经过观察者推论的过滤。可以说,所有的观察在某种意义上都是解释。我们观察时看到的东西,都染上了我们本人视角的色彩。所以,研究者不仅要对看到和听到的事实进行描述,更需要反思自己是如何看到和听到这些事实的。如不断询问自己:我是如何进行观察的?我为什么会注意到这些内容?我用了什么具体的方法?我分析观察结果时的角度和前设是什么?等等。

观察者要进行的自我反思首先包括有意识地对自己的推论进行反省,明确自己的推理依据和过程,尽量将自己所做的推论与观察到的事情分开。只有在掌握了足够的证据之后,观察者才有资格并自信地得出初步推论。其次,观察者应反思自己的观察方法和视角,这需要在了解自己的观察习惯、价值倾向和前设基础上进行。观察者观察外界的过程同时也是了解自我的过程。

第三节 访谈法

这里的访谈是一种研究性交谈,用于探索受访者的经验和解释。它是一类特别的对话活动,与日常谈话不完全一样。访谈有特定的目的和一定的规则,形式较为正式,访谈中访谈者可以要求对方就刚才所言进行重复和详述;而日常谈话的目的性较弱,形式也往往比较松散、随意,双方会有意避免说话重复和直接追问。

一、访谈的作用

访谈者通过话语和行动,以精妙的方法和直接的陈述,向受访者说道:"我想从你的观点出发来理解世界。我想用你了解世界的方式了解世界。我想如同穿着你的鞋子走路一样,依照你的经验来理解意义,以你感觉的方式去感觉,以你解释的方式去解释。你将成为我的老师,帮助我去理解。"①

从这段话中,我们可以窥见访谈的独特作用和价值。与前面谈到的两种研究手段相比,访谈法的作用如下所述。

首先,与观察法相比,访谈法可以了解受访者的所思所想和暗默的情绪反应、他们生活中曾经发生的事情以及他们的行为所隐含的意义。观察法可能只能"观"到受访者的外显行为,不易准确地深入探究他们的内心活动。访谈法则有这方面的优势。

其次,与问卷调查法相比,访谈法的灵活性和建构性更加突出。问卷调查法通常是由研究者自行设计的问题,交由被研究者回答或进行选择,双方一般情况下不会见面;访谈法则是研究者面对面地向被研究者询问其对研究问题的看法,这样被研究者就有机会用自己的语言和概念进行表达,甚至对研究问题进行补充、修改。访谈法就是这样一个"交谈双方共同'建构'和共同'翻译'社会现实的过程"②。

当然,访谈法的这些作用只是相对的,它与其他资料搜集方式具有互补性。如果结合起来使用,研究效果会更佳。比如,通过访谈,研究者对受访者在观察中的行为表现、在问卷中所做的选择能进行更加深入、细致的询问,以免研究者做出武断判断;而在条件不允许的情况下,利用问卷调查的方式搜集起来的数据也可以为访谈工作提供借鉴。无论是单独使用还是和其他资料搜集工具一起使用,访谈法的突出优势就是能够去发现"别人头脑里的那些东西",而这也正是其局限和困难所在——别人可能不愿意与研究者分享自己的想法,研究者也许因为访谈技巧不够、缺乏敏锐洞察力和倾听能力等,不能够发现"那些东西"。

二、访谈的类型

按结构分,访谈主要分为开放型和半开放型访谈。

开放型访谈通常没有固定的访谈问题,研究者鼓励受访者用其自己的语言发表自己的看法。在这类访谈中,访谈者只起一个辅助的作用,尽量让受访者根据自己的思

---

① [美]J. Amos Hatch. 如何做质的研究[M]. 朱光明,等译. 北京:中国轻工业出版社,2007:92.
② 陈向明. 质的研究方法与社会科学研究[M]. 北京:教育科学出版社,2000:181.

路自由联想,目的是了解受访者自己认为重要的问题、看待问题的角度以及对问题的解释。在半开放型访谈中,研究者对访谈的结构具有一定的控制,根据研究设计对受访者提出问题,但同时也允许受访者积极参与。研究初期,研究者往往使用开放型访谈,了解被访者关心的问题和思考问题的方式,随着研究逐步深入,会慢慢聚焦,使之半开放,就重要的问题进行追问。

还有其他几种分类,如根据正式程度则可以分为正式访谈和非正式访谈。正式访谈指的是研究者事先有计划、有准备、有安排、有预约的访谈。可以根据双方接触方式分为直接访谈和间接访谈两种,前者即双方面对面地进行一对一或一对多的访谈工作,而电话或网络进行的访谈并非面对面进行,可以称为间接访谈;而非正式访谈指的是研究者在实地参与研究对象社会生活的过程中,随时遇到的、无事先准备的、更接近一般闲聊的交谈。所以,无法事先预料和计划,只能随具体的谈话情境、谈话对象而定。

三、访谈前的准备工作

访谈是调查研究中非常重要的资料搜集方式,所以研究者必须重视,在每次访谈前做好准备工作。访谈前要做的准备工作包括设计访谈提纲,与受访者商议有关事宜如确定访谈的时间和地点、访谈时间的长短等。

1. 设计访谈提纲

访谈者在开始之前一般都会设计出一个访谈提纲,以便有的放矢地提问和追问,尤其是对新手而言,更是如此。访谈者设计的访谈提纲要简洁明了,最好只有一页纸,以便在访谈过程中一眼都能看到,掌握全局。在案例5-8中,研究者围绕"师范生职业态度"这个话题设计了包含两大类9个问题(专业意愿1~5题,个人经历6~9题)的访谈提纲。访谈提纲和研究问题不同,它更简要具体、有可操作性。在访谈中,提纲只起到一个帮助或者备用的作用,更重要的是注意聆听,依据受访者的回答调整访谈问题,随机应变。访谈提纲应该随时修改,根据前一次的访谈结果为下一次的访谈提供依据、借鉴和补充。

> **案例5-8 访谈提纲示例**
>
> **师范生职业态度培养的访谈提纲**
>
> 1. 你喜欢这个专业吗?选择读师范专业的初衷又是什么?
> 2. 确定毕业当老师吗?是否有所期待?
> 3. 为此你正在或将要做哪些努力?请举例。

> 4. 你对教师这一职业的看法如何？（社会地位、辛苦程度、成就感等）
> 5. 觉得自己的性格适合教师这一职业吗？
> 6. 经过四年的学习，你对教师这一职业的看法是否发生改变？是怎样的改变？
> 7. 在四年学习中，是否受到某个人或某件事的影响使你态度发生了转变？（跟进上一题）
> 8. 学校开设的课程、安排的实习活动对你的职业态度有什么影响？
> 9. 你对教师的认识有受到父母、同学或老师的影响吗？

2. 访谈几次、访谈多久

访谈正式开始之前，访谈者要与受访者协商相关事宜，包括访谈的时间和地点、访谈的次数等。一般而言，要尊重对方，以对方方便为主，尽量找一个安静的、放松的地方，避免过多的人员来往和噪音干扰。就访谈次数和时间而言，通常遵循的一个原则是：收集的资料要尽量达到饱和，如果在后续访谈中得到的东西只是对之前几次访谈资料的重复，那就可以停止了。有研究者[①]提出了这样一个三轮访谈序列，每次访谈间隔两三天到一周，在两三周内完成。第一轮访谈着眼于生活经历，重点在于探讨受访者是怎样成为现在的"他/她"的。第二轮访谈则重在了解受访者目前生活状态的细节。第三轮访谈主要让受访者反思自己经历的意义，对行为进行解释，或者展望将来。

访谈开始之前，访谈者必须首先许诺保密，所得信息只为研究所用。如果需要录音，必须要事先征询受访者的意见。录音可以帮助研究者日后分析资料和撰写报告，并且把访谈者从埋头做笔记的负担下解放出来，避免遗漏重要的信息和进行及时的反馈与追问。但是要注意的是，即使是对方同意录音，也要做要点记录，以利于追问，为整理访谈提供索引。访谈者要记录的不单是言语，还有受访者的动作、表情、语调等，这些也是调查研究的重要资料，要在访谈之中和过后尽快"补充"到笔记中，将重要的东西记录下来。

访谈持续多久为宜？一般而言，超过两个小时受访者就会感到痛苦，而时间太短又难以深入。很多新手研究者往往访谈10~20分钟就结束，这样也只是问了几个表面的问题，40~60分钟或许可以让访谈者获取更加深入的信息。当然，如果两个小时以后受访者仍没有倦意，倾吐的欲望较强，访谈完全可以继续下去。

---

① ［美］埃文·塞德曼.质性研究中的访谈：教育与社会科学研究者指南[M].周海涛,译.重庆：重庆大学出版社,2009：19—20.

四、进行实地访谈

1. 访谈中的提问

在访谈中,访谈者所做的主要工作之一就是提问,因此"问"在访谈中占据极其重要的地位。一般来说,提问题的方式受到很多因素的制约,比如研究问题的性质(如公开或隐私话题)、访谈者和受访者双方的个性、年龄、性别、民族、职业、受教育程度、社会地位以及访谈者和受访者的关系、访谈的具体情境(如公共场合或私下交谈)等。因此,访谈者应该学会随机应变,根据具体情况选择最佳的方式提问。

"在访谈中如何开始说第一句话?"——这是访谈新手们经常问的一个问题。一个重要的原则是:尽可能自然地、结合受访者当时的具体情况开始谈话。比如,先与受访者聊聊天,询问一些个人经历、家庭背景、学习工作情况等,也可以就双方共同感兴趣的话题闲聊一会。访谈气氛变得比较轻松、双方建立了一定的关系之后,正式访谈就可以开始了。

(1)访谈问题的类型。

访谈问题有多种多样,通常可以分为三组类型,即开放型和封闭型、具体型和抽象型、清晰型和含混型。在实际访谈中,一般用得比较多的是开放型、具体型和清晰型的问题。

开放型问题就是没有固定的、预期的答案,允许被访者做出多种回答的问题。提问常以"什么""为什么""怎么样"之类的词语出现,如,"你是如何看待网络暴力现象的?""你对咱们学校新近执行的这种宿舍管理措施有什么想法?"

封闭式问题则在语句结构上对被访谈者的回答方式和内容有严格限制,往往只需回答"是"或"否"。如,"你的同学中有人打架吗?""你认为现在的高校收费合理吗?"但这种只需回答"是"或"否"的二分式问题首先在结构上就限制了受访者的选择,使之无法表达自己的想法。如果访谈者没有及时追问,对方也就此停住不再表达想法,那这样的访谈问题得到的信息就类似书面问卷了,没能发挥访谈面对面沟通的优势。因此我们最好多提开放型问题。但是,必须注意的是,问题不能没有边际,让人摸不着头脑。表5-2为封闭型问题和开放型问题的对比案例。

表 5-2 封闭型问题和与之相对的开放型问题举例

实际访谈:封闭型问题	访谈者真正想要知道的:开放式问题
问:你是该方案的评估者吗? 答:是的。 问:你所做的是形成性评估吗? 答:大部分是。	你在该方案中的角色是什么? 评估的目的是什么?

续表

实际访谈：封闭型问题	访谈者真正想要知道的：开放式问题
问：你试图要发现人们在野外场地是否会有所改变吗？ 答：部分是。	什么是你在进行评估时所试图要发现的？
问：他们改变了吗？ 答：他们中的某些人是改变了。	参与该方案如何影响了参与者呢？
问：你在方案前后均访谈他们吗？ 答：是的。	你为评估搜集了什么样的资料呢？
问：你也和他们均作为方案的参与者吗？ 答：是的。	你个人是如何投入方案中的？
问：你过得愉快吗？ 答：是的。	你的野外经验如何呢？
问：你不愿意告诉我们有关该方案的事吗？	如果我想了解更多有关方案的事，最好的方式是什么？我如何能从你这儿学到更多有关该方案的东西呢？

具体型问题就是询问一些具体事件或细节，如"昨天实习生的课上发生了什么事？当时这位实习生是怎么处理的？"抽象型问题是指问题具有较高的总结性和概括性，比如"你们平时课余时间都干些什么？"

清晰型问题如"你今天是几点钟到学校的？"含混型问题如"你今天什么时间、和哪些同学一起到校的？到校前你们是不是先去了一趟网吧？"前者结构简单、意义明确，容易被受访者理解和接受，后者则语句复杂、意义多重，而且有访谈者的个人倾向在里面。

（2）访谈中的追问。

访谈者还应该有意识地使用追问这一手段，对有关问题进行深入的探讨。访谈中的"追问"指的是：访谈者就受访者前面所说的某一个观点、概念、语词、事件、行为进一步进行探询，将其挑选出来继续向对方发问。我们先来看这样一个案例。

访谈者在倾听了一位家长对孩子教育的看法后，发现对方提到的"不打不成器"这一概念较有冲击力，希望进一步了解，于是就问："您刚才使用了'不打不成器'这个词，您能进一步解释一下是什么意思吗？"当对方进行了解释之后，也许访谈者还想知道这位家长是如何针对自己孩子的情况采取这个措施的，因此又再次追问："您刚才解释了您对这句老话的看法，那您在平时具体会怎么做呢？"

追问时的一个最基本原则是：使用受访者自己的语言和概念来询问他们自己曾经谈到的看法和行为。访谈中的追问要注意下面几个问题。首先，要选择合适的时机。一般来说，追问不应在访谈开始时频繁地进行。如果在访谈初期就频繁地追问，甚至打断受访者的话，会影响良好研究关系的建立。这个时候应该让受访者自由表达，保证访谈的顺利进行。其次，追问要适度。要顾及受访者的情感、访谈问题的敏感性等。如果问题比较尖锐或者隐秘，则需要我们采用迂回的方式，从侧面提问，或者待到与受访者建立了较好的信任关系之后再委婉地进行询问。

2. 访谈中的倾听

"听"是访谈中的一项重要且无形的工作，它决定着接下来"问"的内容和方向，也是双方互相理解和信任的基础。访谈中的"听"既是一门技术又是一门艺术，它需要访谈者不仅有意识地学会一些"听"的技能，而且要用自己的心去体会对方的心。访谈者在"听"对方说话时，不仅要听到对方所发出的声音和语词，而且要设法体察对方那些没有说出来的内容，包括隐含在对方所说出来的话语中的深层次意义。

(1) 听的三个层面。

国内的质性研究学者陈向明把访谈者的"听"分为这样几个层面进行分析：行为层面、认知层面和情感层面。其中，行为层面的听是一种外显态度。访谈者将自己的注意力放在受访者身上，通过我们的目光、神情和倾听的姿态，给予对方最起码的尊重，而且为对方提供了一个探索自己的宽松、安全的环境；认知层面的听有强加的听、接受的听和建构的听三种情况。强加的听顾名思义是指访谈者将受访者的话迅速纳入自己惯有的概念分类系统，很快做出自己的意义解释和主观判断。接受的听则是访谈者暂时悬置自己的主观判断，尽量捕捉受访者发出的信息，注意他们使用的本土概念，探询他们言语背后的意义。这是开放型访谈中最基本的倾听方式，是访谈者为了理解受访者必须掌握的基本功。建构的听则对访谈者的个人素质有更高的要求，它指的是访谈者在倾听时积极地与对方进行对话，在反省自己的先见的同时与对方进行平等交流，双方共同建构新的"现实"。这样，研究对彼此都具有了非常大的意义，促进了双方的成长。当然，这种倾听是建立在接受的听的基础之上的；访谈者还应该有感情地、共情地倾听受访者，最大程度接纳与认可受访者流露出的情感。无论在什么情况下，受访者都是对的，都应该得到访谈者的尊重与宽容。①

(2) 倾听的两条基本原则。

对于访谈者来说，在倾听的时候要遵循一定的原则，最为基本的原则有两条：一是不要轻易打断对方的谈话；二是要能容忍沉默。

第一，在访谈中尽量不要轻易打断受访者的话，这一点很重要。或许从表面上看，他们的话"偏离"了我们的研究问题，但受访者在说话的时候通常有自己的动机和逻辑，他们会有自己的内心需求，所以，在访谈中我们要尽量满足他们的"倾诉"需要。也许他们说的内容与我们的研究问题有关，只是当下一刻我们还没有意识到而已。因此，作为一名访谈者，一定要耐心倾听，尤其是在访谈开始阶段。如果在一开始就打断

---

① 陈向明.教师如何做质的研究[M].北京：教育科学出版社，2001：88—93.

受访者的话或者表示出"你说的这些对我没有用"的态度,执意追问自己感兴趣的问题,会干扰良好的访谈气氛的建立,同时可能也会改变受访者的谈话风格,得不到我们真正想要的东西。当然,在访谈时间有限制或者受访者的言论的确已经"跑"得太远的情况下,我们可以使用一个过渡问题,尽量让话题的转换显得自然、连贯,或者用比较委婉的方式指出时间问题,而不让受访者感到尴尬与不被尊重。

第二,沉默也是一种语言,有时甚至比出声的言论表达出的东西更多。除了倾听受访者的言语表达以外,访谈者还要特别注意倾听"沉默",等待和容忍沉默,琢磨沉默背后的意义。在访谈中,受访者的沉默原因有很多,如无话可说、有意拒绝回答问题、不知如何回答问题、在思考问题等。通常,访谈者在受访者沉默的时候就立刻发话是因为自己不能忍受沉默,为了打破僵局,便马上找话说,抛出问题,以此来缓解自己内心的焦虑。但这样可能会打断受访者的思路。因为这个时候受访者可能正在思考如何回答某问题或者正在组织语言将自己的想法表达出来,访谈者应该耐心等待,不要为了打破沉默而立刻发问。当然如果我们不能确定对方长时间保持沉默的原因,也可以探询性地问:"请问您在想什么呢?"以便在温和友好的气氛下帮助对方整理自己的思维,使访谈顺利进行下去。

3. 访谈中的回应

访谈者不仅要有技巧地提问、耐心地倾听,而且要适当地做出回应,把自己的态度、想法和意向及时传递给受访者,以便访谈顺利进行下去。访谈者对受访者做出的回应方式可以有很多种,一般常用的有:(1)认可;(2)重复、重组和总结;(3)自我暴露。[①]

认可指的是访谈者对受访者所说的话表示已经听见了,希望对方继续说下去。表示认可的方式通常包括两类行为:言语行为,如"对""是的""是吗""很好";非言语行为,如点头、微笑、投以鼓励的目光等。这两种方式会让受访者感觉到自己是被接受、被欣赏的,因此愿意将谈话进行下去,也更有可能敞开心扉。

对受访者所说的话进行重复、重组和总结,也是一种回应的方式。当访谈者对受访者说的某句话或者某个问题感兴趣时,将其重复一遍,目的是引导受访者继续就该问题的具体细节进行陈述。重组则是访谈者将受访者所说的话换一种表达方式,以进一步验证自己的理解是否正确。总结是访谈者用一两句话概括受访者所说的话,目的是帮助对方理清思路,引导对方继续就这件事的细节进行陈述,对于访谈者来讲也可以检验自己的理解是否正确。

自我暴露就是访谈者对受访者所说的内容结合自己有关的经历或经验做出回应,在适当的时候以适当的方式暴露自己。如,在访谈一位研究生时,访谈者说,"我当年

---

① 陈向明.质的研究方法与社会科学研究[M].北京:教育科学出版社,2000:203.

读研的时候,跟你现在也差不多呢!"适当的自我暴露可以拉近双方的距离,使访谈变得轻松和平等。

提问、倾听、回应,这些步骤在访谈中都应该是自然流畅进行的,尤其是访谈者的适当回应,甚至可以决定访谈的方向。访谈者应该注意的是避免对受访者的话进行论说或者价值判断,即论说型回应和评价型回应。[①]"论说型回应"就是访谈者利用一些现成的理论或个人感受和经验对受访者所说的内容做出评论。"评价型回应"则是访谈者对受访者的话进行价值判断。无论是对受访者的话进行评论还是价值判断,尤其是负面的价值判断,都可能会让其感觉不自在甚至感觉不受尊重而产生排斥感,最终使访谈不欢而散。如案例5-9,访谈本来进行得很顺利,甚至到了一个可以让受访者展开细节的关键点,却被访谈者的一句否定性评价闹得不欢而散。

> **案例5-9　访谈中的评价型回应示例**
>
> 问:你觉得爱情是什么?
> 答:这个问题太大了,我不好回答。
> 问:那就做个选择题吧,a 爱情是一种感觉,b 一种关系,c 一种经历,d 其他。你觉得爱情是什么?
> 答:爱情是一种执着。
> 问:你所认为的执着是什么?
> 答:执着就是对好的事物的贪求和对不好事物的排斥。爱情就是对暂时吸引他的事物的一种贪求。
> 问:这难道不是把爱情一棍子打死了吗?不符合中观的道理啊。
> 答:对,我是把它一棍子打死了。

4. 访谈的结束

访谈者要善于察言观色,在适当的时机结束访谈。这里的时机既指从受访者的表情、态度看是否面露倦容等,也可以是访谈者感觉这一次搜集的信息已经饱和。应该避免将访谈时间随意延长。一次愉快而有成效的访谈会以一种轻松自然的方式结束,访谈者可以给对方一些语言和行为上的暗示,表示访谈马上要结束了,看对方是不是还有什么特别想说的、重要的话要说。如:"对于我们今天讨论的问题,您觉得还有什

---

① 陈向明.质的研究方法与社会科学研究[M].北京:教育科学出版社,2000:207.

么没有谈到的吗?"再次强调保密原则也是很必要的。如果访谈要求多次进行,也可以在这个时候约定下次访谈的时间和地点。当然,对所有的受访者,最重要的是,在访谈结束时表示自己真诚的感谢,感谢他们抽出时间、付出精力,感谢他们的信任。

案例 5-10 是一份比较完善的访谈指南,可以指导研究者在访谈前后思考相关的重要问题。当然,研究者不用面面俱到,更不要就每一个点泛泛而谈,而是要选择跟自己的访谈实践有关系的问题,然后对这些问题进行仔细深入地讨论。

> **案例 5-10　访谈指南**[①]
>
> 这个指南是帮助你思考如何进行访谈?访谈中自己产生了什么想法?出现了什么问题?在研究项目的进程中你将如何改进自己的访谈技巧?你需要做至少如下几件事情。
>
> 1. 拟定一个初步的访谈提纲,将所有你认为可以帮助你回答研究问题的访谈问题列出来。提纲应该简洁,可以在访谈时一眼看到,使用的时候就像是一个舞台提示,比较灵活。如果你对第一个访谈对象进行访谈以后发现这个提纲不符合研究的"现实",应该立刻对其进行修改以符合你认为"真实的"情况。
>
> 2. 对你的每一位研究对象进行一次一小时的访谈。选择一个对受访者来说比较合适的时间和地点进行访谈。在访谈开始之前,你需要再次向受访者许诺保密原则。如果受访者不反对的话,对访谈进行录音。否则,在访谈中和访谈后对访谈内容进行细致的笔录。注意记下受访者的非言语行为、访谈的具体情境以及你对自己使用的访谈方法的反思。
>
> 3. 就这个访谈写一个大约 3000~4000 字的备忘录。
>
> 备忘录应该包括两个部分:第一,你从受访者那里了解了哪些与你的研究问题有关的信息?第二,你是如何找到这些内容的?这个部分应该回答如下 10 个问题。
>
> (1) 你是在什么时间和什么地点进行访谈的?你是否对访谈进行了现场录音?你与受访者是如何就这些事情进行协商的?
>
> (2) 你是如何开始和结束访谈的?你是如何向受访者介绍自己的研究的?他们有什么反应?这一次你想他们是如何看你的?这次他们对你的看法与以前是否有什么不同(比如,在你进入现场时)?

[①] 陈向明,林小英.如何成为质的研究者——质的研究方法的教与学[M].北京:教育科学出版社,2004:80—82.

(3) 你使用了什么类型的访谈问题？这些问题是如何帮助你获得对研究问题的答案的？访谈提纲是如何帮助（或没有帮助）你获得你所需要的信息的？你是如何使自己的访谈问题保持开放、具有多重解释，而不是指向某一个你所希望得到的回答的？你是如何使用受访者自己的"文化主位"的概念来形成你的访谈问题的？你还可以如何改善你的访谈问题的前后顺序、提问的节奏以及问题之间的过渡？

(4) 你是如何与受访者互动的？在何种程度上你允许对方自己建构访谈的结构，而不是将你自己的结构强加给对方？你是如何避免不必要地打断受访者的谈话的？在何种程度上你与对方一起共同建构了访谈的情境和话语？你的研究意图与对方参加访谈的意图是否一致？你与对方对如何合适地进行交流是否存在不一致的意见？你是如何处理这种不一致的？

(5) 你采取了什么行动以注意倾听受访者话语中的意义？对你不清楚的地方，你是如何进行追问的？对受访者的有关观点，你是如何获得具体的细节和例子的？

(6) 你观察到了受访者的哪些非言语行为？你认为这些非言语行为与他们的言语行为之间是什么关系？你还注意到了什么对你解释自己的资料比较重要的情境信息？

(7) 你从受访者那里获得的资料准确性如何？你怎么知道这些资料是否准确？你做了什么事情来保证这些资料的准确性？

(8) 对于你的研究问题和研究关系，你有哪些前设、信念、知识和个人经历？这些因素如何影响到你的研究方式？这种影响是如何发生的？你的访谈方式对你获得的研究结果是否有影响？有什么影响？

(9) 总的来说，你在访谈中什么地方做得比较好，什么地方做得不够好？你是否遇到了令你吃惊的事情？是否有令你失望的时候？如果继续就这个研究问题进行访谈，你打算如何改进自己的访谈技巧？

(10) 如果你采取不同的方式进行这些访谈，你将采取什么不同的方式？后果与现在将有什么不一样？

调查研究作为一种描述研究，其价值取决于问题的选择以及科学的方法和技术的应用，本章提到的问卷法、观察法、访谈法都是教育调查研究法的具体手段，对于小学教育研究者而言，这三种方法各有其优点和不足，实际调查过程中可以结合使用。当然,还可以使用测验调查法,即用一组测试题(标准化试题如斯坦福一比奈智力量表、瑞文标准推理能力测验,或自编试题与量表)去测定某种教育现象的实际情境,从而搜集资料数据进行研究。但因为对一线教师或在读学生而言,自编试题与量表存在一定难度,而使用现成标准化试题又有很多注意事项和不少局限,所以本章没有做重点介绍。

知识要点

1. 观察、访谈、问卷三种调查法的特点和各自优势。
2. 观察表与访谈提纲的设计。
3. 调查问卷的编制。

思考与练习

1. 请就"小学教师的职业倦怠"话题设计一份针对教师的访谈提纲。并设想,如果进入该教师的课堂,如何进行观察?草拟一份观察表格。
2. 教育部多次发文整治小学生课业负担过重现象,请就"小学生减负问题"设计调查问卷,调查对象分别为"小学生""小学生家长""小学教师""小学校长"。

第六章 教育实验法

学习目标

1. 了解教育实验法的基本类型，掌握"前实验""准实验"与"真实验"等概念并加以区分。
2. 明确各实验设计的特征以及适用范围。
3. 能够根据实际要求，设计相应的教育实验研究方案。

本章简介

实验法作为自然科学领域广泛采用的一种研究方法，因其量化、准确的优点逐渐被教育研究所用，为教育研究资料和数据的获得以及研究结果的分析提供了诸多便利。通过对本章的阅读和学习，学习者应该在对教育实验法做深入了解的基础上，把握实验中各项变量的具体含义，在实际研究过程中，能够根据研究实际合理选用不同类型的实验设计，拟订教育实验方案，为研究结论的获得打下坚实基础。

教育领域中的问题向来都是错综复杂的，研究者要想在纷繁的材料中找到研究的关键，不仅要靠定性分析，即经验分析和纯粹思辨的理论分析，还要利用原始的自然科学方法进行定量研究。与问卷调查法一样，教育实验法带有显著的理性色彩，它是教育研究者根据研究目的，在一定的教育理论指导下，通过人为地变革或控制某些变量，从而确证教育因素之间因果关系的一种教育研究方法。可以说，量化、科学的实验法能够帮助研究者从整体上揭示某类教育问题产生的原因，探究其变化发展的规律。本章将主要从教育实验的概念、教育实验的基本类型、教育实验的分组设计以及教育实验的基本程序四个方面对教育实验法进行介绍，以期为读者提供一种新的研究思路。

第一节 教育实验的基本概念

教育实验缘起于自然科学领域的实验法。自然科学是追求精确数据的学科，因此，强调因果关系和对变量的控制，也成为教育实验的显著特征。

一、实验法与教育实验

1. 实验法

实验法最初是自然科学领域广泛采用的一种研究方法。顾名思义,实验法一般在实验室中完成,而实验室环境则意味着控制和精确。因此,实验法中的数据都是研究者根据研究目的,经由对实验设备、实验环境等条件的有效操纵或控制而测量得出的。由于实验条件受到严格的控制,条件不同,对应的实验数据可能相同,也可能不同,通过分析比较,研究者就可以确定条件与数据之间的相互关系,从而得出实验结论。

根据以上定义可以看出,实验法具有精确、可控的特点,也就为研究结论的获得提供了相当的便利。首先,由于实验法主要在实验室中操作完成,因此研究者可以借助实验法观察到自然环境中难以观察到的情况,从而拓展研究的广度和深度;其次,研究者可以通过控制的研究手段,将某种特定的实验因素控制或者分离出来,排除不相干因素后,研究者可以比较容易地得出"如果 A 则 B"的结论;最后,只要条件允许,实验法可以被反复验证,大大节省研究成本。

2. 教育实验

正是由于实验法具有控制和精确的特点,使其研究范围大大拓展,而且在实验法中,研究者可以通过对实验条件适当的控制,排除一些无关因素的干扰,突出实验因素,从而得出相对准确的结论,所以实验法不仅是自然科学研究领域中重要的研究方法之一,而且也逐步被借鉴到社会科学研究领域中来。在教育研究中运用实验法,就是教育实验。

与实验法定义类似,教育实验一般在控制严格的实验条件下进行,教育研究者根据研究目的,在一定的教育理论指导下,人为地变革或控制影响教育结果的不同因素,在不同因素与结论的比较分析中解决教育问题,探求教育规律。本书以一项小学教育实验研究"珠心算教育与儿童智力开发实验研究"[1]为例,详细阐述教育实验的具体含义。

首先,研究者需要根据研究目的人为地变革影响教育结果的因素,有意识地使研究对象接受不同的实验处理,表现在该研究中则是"实验班接受珠心算教育干预,控制班不接受珠心算教育干预";其次,在教育实验中,研究者必须对与研究目的非相关的影响因素进行控制。为了保证"如果 A 则 B"的有效性,研究者在研究过程中必须将其他可能得出"B"结论的因素排除。例如该实验是为了研究"珠心算教育"与"儿童智力开发"之间的关系,那么除去"珠心算教育"这一影响因素,其他对"儿童智力开发"有影响的因素比如学生质量、班级规模以及教师水平等因素都应当合理控制,通过采取"两

---

[1] 中央教育科学研究所课题组.珠心算教育与儿童智力开发实验研究[J].教育研究,2010(11):52—59.

个班设置相同的课程、课时,相同的教材、教学内容、教学方法和教学进度,同一教师教两个班的同一门课"的措施,避免其他因素对实验带来不必要的影响;最后,从研究目的来看,教育实验是最直观验证研究假设的研究方法,研究者通过对比分析得出"如果A则B"的结论。在该实验中,通过对实验班和控制班测验结果的分析,研究者应该弄清楚珠心算教育是否对儿童智力开发具有一定影响,若有影响,那么该影响是正面的还是负面的,这才是教育实验的意义所在。

二、教育实验的相关概念

根据教育实验的定义和特征来看,教育实验的作用在于从数据上量化、准确、线性地揭示内隐于教育现象下的教育规律。要探求这些根本规律,研究者需要有意识地将相关因素与非相关因素分离,通过人为的、有计划的控制和模拟,呈现出研究者所期望达到的研究结果。那么,教育实验中经由人为设计的这些可变化、操纵、观测的特征就是变量。换言之,变量是指性质上、数量上可以变化、操纵和观测的各种因素、现象或者特征。通常,教育实验中的变量分为三类,即自变量、因变量和控制变量。

1. 自变量

自变量又称原因变量,顾名思义,即(在研究者控制下)自发变动的量。自变量是由研究者根据研究目的选定、并人为地进行操纵和控制的因素或者因素的组合。自变量可以是一个,也可以是多个。在前面提到的"珠心算教育与儿童智力开发"的实验研究中,"珠心算教育"就是典型的自变量。显然,自变量不同,对应的实验结果也不同。在该实验研究中,研究者预先假定自变量的变化对实验结果有一定的影响,即是否进行珠心算教育对儿童智力的开发具有一定的影响。由此,研究者设置实验班与控制班,在实验班进行珠心算教育,而在控制班则不进行珠心算教育。那么最终通过对两个班的学生进行智力水平测试,测试结果显示两个班的智力水平有显著的差异,且实验班成绩高于控制班,则可以判定珠心算教育对儿童智力开发具有积极的影响作用。这里,我们可以看出自变量有两个特征:一是"假定",即研究者在设计实验时预先提出假设,假设对被试施以某些条件或者刺激后,被试能够产生某些反应,而研究者所假设的这些条件就是自变量;二是"控制",即研究者所假设的这些条件必须是具体的、实验人员能实际操作并有效控制的,否则,教育实验就无法达成预期目的。

2. 因变量

因变量又称反应变量、结果变量,顾名思义,即因(自变量)而变的量。因变量是指研究者在对自变量进行控制的条件下最终观测到的实验结果。因变量同自变量一样,一般也在实验开始前"假定",即研究者假定对被试施以某个或者某些自变量后,被试可能会出现的反应,研究者所要观测的这些反应结果,即实验的因变量。因变量需要通过一些指标反映出来,这些指标是对被试反应的观测,是因变量的度量指标。在珠心算教育与智力水平实验中,研究者假定珠心算教育能够提升学生的智力水平,那么学生的智力水平就是该实验的因变量,而被试学生的语文、数学、英语学业成绩以及各项智力测试成绩则是该因变量的度量指标。

3. 控制变量

在教育实验中,研究者必须对与研究目的非相关的影响因素进行控制。在上述实验中,珠心算教育是自变量,而除了自变量,学生素质、班级规模以及教师水平等因素都可能对因变量即学生的智力水平有一定的影响,而这些因素对因变量的影响是研究者在本次研究中不需要的、与本次研究无关的,因此这些变量都称为无关变量,或者控制变量。换言之,控制变量是指那些对教育实验结果会产生影响的除自变量外的其他变量。在实验过程中,研究者必须采取相应措施,通过设置相同的课程、课时、教材、教学内容、教学方法和教学进度以及同一教师教两班的同一门课等措施,避免无关变量的干扰。

4. 效度

效度是指实验设计能够回答所要研究的问题的程度。教育实验研究效度有两大维度:一是研究结论的准确性,二是结论推广的普遍性程度。自1966年美国教育实验专家坎贝尔和斯坦利(Campbell & Stanley)使用内在效度和外在效度概念以来,各国学者皆沿用这两种效度来对实验研究结果进行讨论。

(1) 内在效度。

内在效度是指自变量与因变量的因果联系的真实程度,即因变量的变化在多大程度上是由自变量直接引起的。因此,内在效度主要反映的是实验结论的准确性。没有内在效度的实验研究是没有价值的。

坎贝尔和斯坦利认为,有八类新异变量与教育实验内在效度有关或成为内在效度的威胁因素。它们分别是:

● 偶然事件:在实验进展过程中没有预料到的影响因变量的事件的发生;
● 成熟程度:时间在被试身上起的作用;
● 测验:一次测验对随后另一次测验的影响;
● 测量手段:测量手段不统一会产生错误的结果;
● 统计回归:在第一次测试较差的学生可能在第二次测试时表现好些,而第一次表现好的学生则可能相反,这种情形称为统计回归效应。其真正原因是偶然因素变化导致的随机误差,以及仅仅根据一次测试结果划分高分组和低分组;
● 在实验进展过程中被试的选择差异:被试未能随机分配或挑选,而其中一个因素起了作用,从而产生了组的不对等性;

● 实验的偶然减员：非随机挑选的被试脱离实验，会产生不良影响；

● 取样：成熟程度交互作用，由于取样不一带来的成熟程度的不一致。[①]

(2) 外在效度。

外在效度涉及教育实验研究结果的概括化、一般化和应用范围问题，表明实验结果的可推广程度，即研究结果能被正确地应用到其他非实验情境、其他变量条件及其他时间、地点、总体中的程度。外在效度分总体效度和生态效度两类。总体效度，指实验结果从特定的研究样本推广到更大的被试群体中去的适用范围，从严格意义上讲，研究结果只能推广到抽样样本的那部分总体，即实验可接受的总体中去。生态效度，指实验结果从研究者创设的实验情境推广到其他教育情境中去的范围。

坎贝尔和斯坦利认为，对外在效度的威胁主要有以下四个主要因素：测验的交互作用、抽样偏差和实验处理的交互作用、实验安排的副效应、多重处理干扰。内在效度是外在效度的必要条件，但内在效度高的研究结果不一定具有很高的外在效度，而且内在效度和外在效度有时会互相影响。[②]

(3) 控制变量、提高效度。

对教育实验中这些威胁因素的控制程度及效果，将直接影响教育实验的效度。教育实验中，为了探索变量间的因果关系，以便证实因变量的变化的确来自于自变量的变化，研究者就必须排除外来的无关变量的干扰，保证各方面变量平等，从而保证实验结果的真实性和可靠性。因此，研究者必须充分考虑控制实验中无关变量的有效方法。总体而言，教育实验中常用的控制无关变量的主要方法有以下六种：

第一种：消除法。消除法即把无关变量排除在实验之外，尽可能不让这些因素影响实验结果。例如，教育实验中利用隔间室来消除无关的听觉刺激；用单向玻璃来消除观察者对被试带来的影响，等等。

第二种：平衡法。平衡法即通过设置实验组和对照组或者控制组，使所有无关变量都以同一水平同时作用于这两个组，使之对两个组的影响相同，以此平衡无关变量对实验的影响。在此基础上再来比较对照组与实验组实验效果的差异，从而确定自变量与因变量之间是否存在因果关系。

第三种：抵消法。当被试接受两个或者两个以上的实验处理时，就会出现实验处理的前后顺序不同，结果也迥异。而抵消法则通过采用拉丁方法解决了这一问题。它是让同样的被试先后接受几种不同的实验处理，被试自身以及实验顺序造成的练习、

[①] 参见裴娣娜.教育研究方法导论[M].合肥：安徽教育出版社，1995：267—270.

[②] 同上书。

适应和疲劳等无关变量的效应在先后轮换过程中可以相互抵消,从而提高了实验的精确度。

第四种:恒定法。教育实验中有些无关变量是难以完全消除的,在这种情况下,研究者常常设法将其恒定,即使无关变量效应在实验前后保持不变,或者在实验的各个组别、各个阶段使其保持不变。在教育实验中,最常恒定的是实验中的教学环境,除此之外,其他无关变量采取恒定法去控制往往不适用。尤其在一些周期较长的教育实验中,由于学生的知识水平、能力不断增长,老师的工作态度、教学能力也在不断改善,因此,常常无法对此进行恒定。

第五种:随机法。随机法是指在选择被试、安排实验处理顺序等许多实验环节上不受实验人员主观意图的影响,随机选择和分配被试,以消除被试个体之间的差异(如年龄、性别、民族、文化及其他较为稳定的个体差异等)的方法。它是教育实验中唯一可能控制所有无关变量的方法。但是,由于教育实验一般不能打乱正常的教学秩序,有时实验者只限于在被允许的学校或者班级进行实验。实验者在确定实验学校以及实验对象等许多环节上很难做到完全随机,因而随机法在教育实验中难以完全实现。

第六种:统计控制法。统计控制法即控制资料统计过程的方法,即研究者按照实验目的选择合适的统计方法,并规范程序统计和结果处理,能减少统计误差,以提高研究结论的准确性。例如,研究者用协方差分析,将实验组与控制组的数个变量测量出来,使用统计的方法,把他们的最初差异予以排除。

第二节 教育实验的基本类型

教育实验虽然起源于自然科学中的实验研究法,但由于教育属于典型的人文社会学科,因此教育实验又不完全等同于自然科学中的实验研究。由于分类标准不同,实验的类型也各不相同:根据实验研究的场所不同,教育实验可以分为实验室实验和自然实验;根据研究目的的不同,教育实验可以分为确认性实验、探索性实验与验证性实验;根据同一实验中涉及的自变量的多少不同,教育实验可以分为单因素实验和多因素实验;根据研究分组设计类型的不同,教育实验可以分为单组实验、等组实验和轮组实验;根据研究者在实验过程中对无关变量控制的严密程度不同,教育实验可以分为前实验、准实验和真实验。不同类型的教育实验呈现出的特点各不相同,因此操作程序、适用范围和条件以及结果分析方式都千差万别。

一、实验室实验与自然实验

实验室实验是指研究者依照研究的目的和需要,在专门设计的、人工高度控制的环境中进行的实验。由于实验环境受到严格控制,因此研究者对实验中的变量控制就能更加精准,将无关变量尽可能排除后,研究结论就能更加具有说服力。但是在实际的教育实验研究中,这种实验室实验并不多见,因为教育的对象是人,其变化是难以完全控制的。

自然实验也叫现场实验。与实验室实验不同,自然实验对实验条件的要求没有那么严格,通常在自然的教育情境中进行。自然的教育情境一般比较复杂,会出现多个对实验结果有影响的变量,因此研究者在控制无关变量时就会有较大的难度。但由于自然实验对实验环境的要求较低,一方面易于研究者操作,另一方面也比较容易在实践中推广研究结论,所以自然实验也是教育实验的一种重要方法。

二、确认性实验、探索性实验与验证性实验

确认性实验也叫试探性实验,它是研究者借助实验搜集事实材料,确认所研究的对象是否能验证研究假说,从而推动教育实践发展的实验类型。确认性实验的研究问题来自教育实践,是研究者在复杂的教育事实基础上概括出的经验性规律。它强调研究的应用价值,对教育实践具有直接的指导和借鉴意义。但由于这类实验是在教育实际情境中进行,在研究方法上具有很大的试探性,操作程序不太规范,因此,其内在效度和外在效度均不高。

探索性实验是指研究者对未知的教育规律和新的教育方法进行探索的实验,它以认识教育现象、探求教育规律为目标,通过揭示与研究相关的因果关系来尝试创建某种理论体系,所以具有较强的创新性,是一种富有开拓性的超前实验。探索性实验主要研究教育理论体系中的根本性问题,有重要的理论意义和实践指导意义。

验证性实验是以验证已取得的实验成果为目的的实验。验证性实验是教育研究者对已有教育规律进行检验的实验。验证已有结论的科学性,并对其进行修正和完善,是验证性实验的目的。验证性实验一般需要研究者在不同环境条件下反复进行,通过设定不同的实验条件来测试实验方案的可操作性与实验结果的可推广程度,外在效度较高。

三、单因素实验与多因素实验

单因素实验也叫单一变量实验,是指同一实验中研究者只操纵一个自变量的实验。由于单因素实验的自变量单一、明确,操纵相对比较容易,实验难度相对较小。

多因素实验也称组合变量实验,它是指在同一实验中需要操纵两个或两个以上的

自变量的实验。由于多因素实验要操纵的实验因素较多,实验过程比较复杂,因变量的观测内容也随之增多,因而此类研究需要研究者具有较高的科研素质,但这类实验一旦成功,则具有较高的理论价值和实践价值。

四、单组实验与多组实验

单组实验是对一个或者一组研究对象施加一个或者数个自变量,然后测量因变量,以确定自变量与因变量之间关系如何的实验。

单组实验中只有一个实验组,多组实验则具有两个及两个以上的实验组。依据每组被试水平的差异程度,多组实验又可以分为等组实验和轮组实验。等组,即是各个实验组所包含的被试水平相同。但是在实际操作中,研究者通常不能保证各个实验组之间毫无差异,而只能保证其水平大致相当,一般我们将这种情况也称之为等组。等组实验是研究者将不同的自变量分别施加于水平相等或相似的实验组中,然后观测不同组的实验结果,通过比较差异,得出相应结论。在轮组实验中,各实验组的水平可以是相符的,也可以是不相符的,研究者在实际操作时,为了保证实验效果,将各个自变量轮换施加于各个实验组,然后将每次产生的效果叠加,最终根据效果总和来确定研究结论。

五、前实验、准实验与真实验

严格来说,前实验不能划入教育实验,因为在前实验中,研究者对无关变量不进行任何控制。这样一来,由于受到无关变量的干扰,研究结论并不能准确说明自变量与因变量的关系,实验的内在效度无法被保证,研究价值不大。

准实验比前实验稍有进步,在实验操作中能够对无关变量作尽可能的控制,但是准实验在选择被试方面并不遵循随机原则,而是直接对已有的自然分配对象进行研究。对一线中小学教师来说,要对某种教学法或者教材使用情况进行实验研究,多采用准实验。在准实验中,他们可以直接在原有的自然班级中进行实验,不打乱原有的教学秩序,将教育研究实验与日常教育教学活动结合,既节省实验成本,又提高研究效率。

真实验是指严格按照实验法的科学性要求,随机地选择和分配被试,系统地操纵自变量,全面地控制无关变量的实验。真实验体现了实验法精确、控制的精髓:实验中的无关变量被严格控制,自变量被有效地操纵。因此,因变量和自变量的因果关系非常明晰,但严格的控制和精确的操纵都无疑在一定程度上提高了实验的实施难度。

第三节 教育实验分组设计类型

在实际的实验操作中,研究者并非只选择某一种类型的实验方法进行教育实验研究,而是在同一项研究中,综合采取某几类研究分组设计。本节就以小学教育实验中的具体例子来对教育实验分组设计做进一步的说明。

一、前实验设计

根据前面的内容我们得知,前实验设计不对无关变量进行控制,研究者不能根据实验结果来准确把握自变量和因变量之间的关系,因此不是严格意义上的实验。但我们不能否认,前实验设计也能够为研究者提供一些辅助性的研究资料,因此也具有一定的研究价值。具体说来,前实验设计具有以下三种形式。

1. 单组仅后测设计

顾名思义,单组仅后测设计只设置一个实验组,并且在对实验组施加自变量影响后才对实验组进行水平测量。如果用 X 表示研究者对实验组施加的影响,用 O 表示一次观测,那么单组仅后测设计可以表示为:

$X \quad O$

单组仅后测设计由于没有对比组作参照,研究者仅能描述实验组的结果;另外,由于实验只有一个后测,没有前测,因此只能将后测的结果完全视为由实验处理引起,所以单组仅后测设计实验的内在效度并不高。

2. 单组前后测设计

单组前后测设计是对单组仅后测设计的一种改进。为了更好地描述实验的效果,单组前后测设计在实验前增加了一次水平测量。如果用 X 表示研究者对实验组施加的影响,用 O_1 表示第一次观测,用 O_2 表示第二次观测,那么单组前后测设计可以表示为:

$O_1 \quad X \quad O_2$

由于增加了前测,研究者可以将前测与后测进行比较,其中的差异便可视为实验的效果。相对单组仅后测设计来说,单组前后测设计实验的实际效果比较突出。但是由于缺少对比组,研究者无法对实验中前测的干扰进行判断。

> **案例 6-1 单组前后测设计示例**
>
> 某教师要研究某种生字教学法对学生生字掌握程度的影响,在进行教育实验时采用单组前后测设计。根据设计,该教师在进行新的生字教学法之前先对其所任教班级学生的生字默写情况进行考察;实施新的生字教学法一周后,再次对学生的生字默写水平进行测试。最终的测试结果显示,该班学生第二次的测试成绩普遍较第一次偏高,即 $O_2 > O_1$。由此推断,新的生字教学法有效果。

但在上述案例中,教师应该注意到,"该班学生第二次的测试成绩普遍较第一次偏高"并不一定完全由自变量(即新的教学法)引起。由于两次测验的时间间隔较短,学生很有可能通过第一次的测试对生字识记做了巩固,所以此时研究者仍不能直接下结论,否则将会影响实验的效度。

3. 固定组仅后测设计

固定组仅后测设计也是对单组仅后测设计的改进。为了更好地显示实验效果,固定组仅后测设计设置了两个分组:实验组和对比组。由于两组被试在实验处理前就已经形成,不受研究者控制,研究者不能确定两个分组是等组还是不等组,所以均称为固定组。如果用 X 表示研究者对实验组施加的影响,用 O_1 表示对实验组的观测,用 O_2 表示对控制组的观测,两组观测用虚线隔开[①],固定组仅后测设计可以表示为:

$$X \quad O_1$$
$$\cdots\cdots\cdots\cdots$$
$$\quad\quad O_2$$

一方面,由于没有前测,前测对后测的干扰可以有效消除;另一方面,研究者可以通过横向比较来判断实验处理的效果,因此实验结论的得出就相对可靠。

> **案例 6-2　固定组仅后测示例**
>
> 某教师要研究某种生字教学法对学生生字掌握程度的影响,在进行教育实验时采用固定组仅后测设计。根据设计,该教师将其所任教的两个平行班分别设置为实验班和对比班,在实验班使用新的生字教学法,而在对比班则不使用。实施新的生字教学法一周后,分别对两个班学生的生字默写水平进行测试。最终的测试结果显示,两个班学生的默写水平大致相当,即 $O_2=O_1$。由此推断,新的生字教学法效果不显著。

在上述案例中,该教师应该考虑到,由于实验组和控制组的构成都是先于实验设计的、固定的,所以说如果实验班的学生生字默写水平本身较对比班差,那么实验结束后"两个班学生的默写水平大致相当"并不能说明新的教学法没有效果。

二、准实验设计

准实验设计是介于前实验设计和真实验设计之间的一种实验设计类型,准实验比

[①] "不等组"之间一般用虚线隔开,后面将介绍到的"等组"之间一般用实线隔开——编者注。

前实验稍有进步,在实验操作中能够对无关变量作尽可能的控制,但是准实验在选择被试方面也不遵循随机原则,而是直接对已有的自然分配对象进行研究。它更适用于注重生态效度的实验研究。

1. 单组准实验设计

单组准实验设计是指只设置实验组而不设置对比组的准实验设计。由于不设置对比组,单组准实验设计主要以纵向比较为主,可以分为单组时间序列设计和单组交叉实验设计。

(1) 单组时间序列设计。

单组时间序列设计是指按照时间顺序对被试进行的一系列测量,在测量的时间序列中施加自变量影响,研究者通过比较施加影响前后的测量数值的变化,进而推断实验效果的设计。如果用 X 表示研究者对被试组施加的影响,用 O_1、O_2……表示对被试组的第 1 次、第 2 次……观测,单组时间序列设计可以表示为:

$O_1 \quad O_2 \quad X \quad O_3 \quad O_4$

研究者通过比较 $O_2 - O_1$、$O_4 - O_3$ 与 $O_3 - O_2$ 的水平差异,就可以得到显示实验效果的数据。由于按照时间间隔对实验被试进行测试,单组时间序列设计的实验效果可以有效地将被试的成熟因素排除。但是单组时间序列设计的测量次数相对来说过于频繁,也容易导致被试对实验的疲劳感,从而影响实验效度。

(2) 单组交叉实验设计。

单组交叉实验设计强调实验处理与零实验处理的交叉进行。在这类实验中,研究者先对被试组进行实验处理,在实验结束后对被试的水平进行测量;然后不对被试组采取任何实验措施,经历相同的时间跨度后,对被试的水平再次测量,最终通过比较实验处理和零实验处理的后测水平得出实验效果。如果用 X 表示研究者对被试组施加的影响,用 X_0 表示研究者对被试组不施加影响,用 O_1、O_2……表示对被试组的第 1 次、第 2 次……观测,单组交叉实验设计可以表示为:

$XO_1 \quad X_0O_2 \quad XO_3 \quad X_0O_4$

> **案例 6-3 单组交叉实验设计示例**
>
> 某教师要研究课外阅读对学生写作水平的影响,在进行教育实验时采用单组交叉实验设计。根据设计,该教师在布置课外阅读两周后,对其所任教班级学生的写作水平进行考察;接下来,该教师不再要求学生进行课外拓展阅读,两周后再次对学生的写作水平进行测试。通过对两次测试水平的比较,得出实验结论。

在进行单组交叉实验设计时,研究者要着重把握研究的效度,由于实验处理与零实验处理相间进行,被试容易产生罗森塔尔效应(皮格马利翁效应),即期待效应,从而对研究的效度产生干扰。

2. 多组准实验设计

虽然在准实验中研究者不能随机选择被试分组,但同样可以设立对比组来提高准实验设计的效度,进行教育实验。

(1) 不等组前后测设计。

不等组前后测设计其实是前实验中固定组仅后测设计的改进版。二者唯一的不同在于不等组前后测设计为两个组分别增加了前测。如果用 X 表示研究者对实验组施加的影响,用 O_1 表示对实验组的前测,O_2 表示后测,用 O'_1 表示对对比组的前测,O'_2 表示后测,两组观测用虚线隔开,不等组前后测设计可以表示为:

$O_1 \quad\quad X \quad\quad O_2$
....
$O'_1 \quad\quad\quad\quad O'_2$

> **案例 6-4　不等组前后测设计示例**
>
> 　　某教师要研究某种生字教学法对学生生字掌握程度的影响,在进行教育实验时采用不等组前后测设计。根据设计,该教师将其所任教的两个平行班分别设置为实验班和对比班,在实验班使用新的生字教学法,而在对比班中则不使用。在实施新的生字教学法之前,该教师分别对两个班学生的生字默写水平进行测试。两周之后,再次对两个班学生的生字默写水平进行测试。通过比较两次测试水平的差,即 $O_2 - O_1$ 与 $O'_2 - O'_1$,确定实验效果。

由于不等组前后测设计设置了前测,研究者能够更好地了解两组间的初始差异,有效地避免了对实验结果的误判。但前测对后测的影响也同样难以避免。

(2) 不等组时间序列设计。

不等组时间序列设计是在单组时间序列设计的基础上又增加了一个实验组。两个实验组均施加同样的实验影响,研究者通过比较两个实验组一系列前测成绩的平均值与后测成绩的平均值,来确定实验处理的效果。如果用 X 表示研究者对两个实验组施加的影响,用 O_1、O_2……表示对实验组 1 的第 1 次、第 2 次……观测,用 O'_1、O'_2……

表示对实验组 2 的第 1 次、第 2 次……观测,两组观测用虚线隔开,不等组时间序列设计可以表示为:

$O_1 \quad O_2 \quad X \quad O_3 \quad O_4$
....
$O'_1 \quad O'_2 \quad X \quad O'_3 \quad O'_4$

不等组时间序列设计能够显示两组实验组经由实验影响的前后相对稳定的变化,因此,能较好地控制历史和成熟等因素对实验带来的影响。但是,与单组时间序列设计相同,由于前测和后测次数过多,被试的敏感性受到很大影响,容易导致对实验的疲劳感,从而影响实验效度。

(3) 不等组轮组设计。

不等组轮组设计实际上是不等组前后测设计的变式,在这类实验中,研究者对已有的两个及以上的被试分组施加不同的实验影响,以前后测水平的差异总和作为实验效果的评判依据。如果用 X_1 表示研究者确定的实验影响 1,用 O_1 表示对实验组 1 的前测,O_2、O_3……表示实验组 1 的后测;用 X_2 表示研究者确定的实验影响 2,用 O'_1 表示对实验组 2 的前测,O'_2、O'_3……表示后测,两组观测用虚线隔开,不等组轮组设计可以表示为:

$O_1 \quad X_1 \quad O_2 \quad X_2 \quad O_3 \quad X_1 \quad O_4 \quad X_2 \quad O_5$
....
$O'_1 \quad X_2 \quad O'_2 \quad X_1 \quad O'_3 \quad X_2 \quad O'_4 \quad X_1 \quad O'_5$

> **案例 6-5　不等组轮组设计示例**
>
> 　　某教师要研究两种不同的语文教学法对学生语文成绩的影响,在进行教育实验时采用不等组轮组设计。根据设计,该教师在其所任教的两个平行班中交替使用两种不同的教学法。在开始实施这两种教学法之前,该教师分别对这两个班学生的语文水平进行测试,然后以一周为频率,在两个班中交替使用两种教学法,每周教学结束后,分别对两个班的语文水平进行测试,对应的测试水平差异的和就是两种教学法的实际效果。

实验影响 X_1 的效果为 $(O_2 - O_1) + (O'_3 - O'_2) + (O_4 - O_3) + (O'_5 - O'_4)$,实验影响 X_2 的效果为 $(O'_2 - O'_1) + (O_3 - O_2) + (O'_4 - O'_3) + (O_5 - O_4)$。轮组设计能够同时对两种实验影响进行考察,而且多个实验组的设计也能有效减小实验误差。

三、真实验设计

真实验设计包括两方面的含义：一是实验条件控制程度较高，研究者可以有效地操纵实验变量、控制无关变量；二是被试的选择和分配遵循随机原则，换言之，由于被试是随机选择和分派的，真实验设计的实验组和对比组在一定意义上可以视为是等组的。

1. 等组前后测设计

等组前后测设计是最基本、最典型的真实验设计。在这种实验设计中，研究者在实验之前采用随机分配的方法将被试分为两组，并随机选择一组为实验组，另一组为对比组。在实际操作过程中，只对实验组进行实验处理，然后比较两组的前后测分值，进而比较实验效果。如果用 R 表示随机分配的被试组，用 X 表示研究者对实验组施加的影响，用 O_1 表示对实验组的前测、O_2 表示后测，用 O_3 表示对比组的前测、O_4 表示后测，两组观测用实线隔开，等组前后测设计可以表示为：

$$R \quad O_1 \quad X \quad O_2$$
$$\overline{}$$
$$R \quad O_3 \quad\quad O_4$$

由于实验组与对比组中的被试均为随机选择和分配的，因此无关因素对实验的影响能够尽可能地被排除。

2. 等组仅后测设计

实际上，由于实验组与对比组中的被试均为随机选择和分配的，二者可以被视为等组，所以在等组设计中前测其实是不必要的。如果用 R 表示随机分配的被试组，用 X 表示研究者对实验组施加的影响，用 O_1 表示对实验组的后测，用 O_2 表示对比组的后测，两组观测用实线隔开，等组仅后测设计可以表示为：

$$R \quad X \quad O_1$$
$$\overline{}$$
$$R \quad\quad O_2$$

研究者只对两个被试组进行后测，一方面能够克服前测对被试的影响，同时也能节省实验成本，提高实验效率。

3. 所罗门四组设计

在所罗门四组设计中，被试和分组同样都遵循随机化原则，在这四个组中，两个组有前测，两个组没有前测；一个有前测的组和一个没有前测的组均接受实验处理，而其他两个组均不接受实验处理；四个组都有后测。如果用 R 表示随机分配的被试组，用 X 表示研究者对两个实验组施加的影响，用 O_1、O_1' 分别表示对实验组1和对比组1的前测，用 O_2、O_3、O_4、O_5 分别表示对四个组的后测，四组观测用实线隔开，所罗门四组设计可以表示为：

R	O_1	X	O_2
R	O'_1		O_3
R		X	O_4
R			O_5

所罗门四组设计其实是等组前后测设计与等组仅后测设计的结合。在该类实验中,有无前测也成为实验中的一个变量,研究者可以通过对比实验结果来削弱其带来的干扰。但是四组被试同时进行实验,无疑增加了研究的难度。因此,这种设计一般不适用于探索性实验,而适用于决断性实验。

第四节 教育实验的基本程序

教育实验是揭示教育现象内在规律、探求教育行动与结果间因果关系的相对最直观的方式。虽然不同类型的教育实验在操作方法上各不相同,但要进行实验,研究者也必须遵守教育实验的基本程序,按部就班地进行研究。一般而言,一项完整的教育实验可分为"准备—实施—总结推广"三个基本阶段。

一、教育实验的准备阶段

教育实验在很大程度上可以归结为从假说到求证的过程,因此准备工作也主要是确定假说的过程,具体来说,包括以下内容。

1. 明确实验目的,选定研究课题

研究目的是一项研究的核心所在,为研究提供思路和方向。在正式进行实验之前,研究者应该预先进行调查研究,查阅相关文献资料,或者对现有的教育实际做系统的梳理总结。在明确实验目的之后,就应选择合适的课题,确定本研究的假设,并对实验中的变量关系进行预判。

2. 确定实验的自变量

自变量的设定与研究目的密切相关,在同一个实验中,自变量可以有一个,也可以有多个。教育实验中的自变量一般指某种教育改革措施。在进行实验操作之前,研究者应该明确自变量的内容,选择被试,组织被试组,决定每组进行什么样的实验处理,并明确操作定义。

3. 明确因变量的评价指标

只有因变量的评价指标体系明确、可操作、可观测,才能顺利并有针对性地判断实验的效果,即自变量能否带来因变量的变化。研究者要搞清楚自变量与因变量之间的因果关系,必须选择适合的测量工具和统计方法,一以贯之地对被试进行测量。如果测量工具和统计方法不统一,将会给整个实验带来严重的误差,影响最终的结果呈现。因此,在实验之前就应对此做出明确规定。

4. 选择实验设计类型

在教育实验中,研究者除了要对自变量和因变量加以控制,还要注意排除无关变量对实验的干扰。因此,研究者应根据被试的实际情况,选择合适的实验设计类型,以最大限度地保证实验的内部效度和外部效度。

5. 撰写研究方案

研究方案是整个实验过程的策划书。根据研究方案,研究者能够对教育实验的全局做整体上的把握,以便在接下来的实验操作中有据可循。

二、教育实验的实施阶段

在做好教育实验的准备工作后,研究者即可按照实验设计方案进行实验操作。但这并不意味着研究者必须循规蹈矩。实际上,由于被试的灵活性和随意性,研究者必须能够在操作过程中随机应变地采取一定的变革措施,以便实验能够顺利进行。

三、教育实验的总结推广阶段

在实施阶段结束之后,研究者应首先对在实验中获得的资料、数据进行分析处理,以便对实验结果有一个准确、明晰的把握。然后,研究者需将实验结果与实验伊始时的假设进行对比论证,即完成从假说到求证的过程。当然,一项完整的研究也需要研究者将研究的全过程以实验报告的形式呈现出来,以便对实验的过程和结论做全面的论述。在实验报告中,研究者应以严谨的科学态度对该研究的成就与不足做客观分析。另外,在对实验进行推广时,也应充分考虑该实验的外部效度,具体问题具体分析,避免盲目一刀切。

知识要点

1. 教育实验的三种变量。
2. 教育实验的基本类型。
3. 教育实验的分组设计类型。
4. 教育实验的基本程序。

思考与练习

1．试选择一个教育实验,分析其中的变量,并说明如何对其中的无关变量进行控制。

2．思考在小学教育研究中,可以提出哪些适合进行教育实验的课题,并尝试设计出研究方案。

3．结合第2题,讨论如何控制实验的效度。

第七章　教育叙事研究

学习目标

1. 理解教育叙事研究的概念及特点。
2. 了解教育叙事研究对小学教师的独特作用。
3. 掌握教育叙事研究的一般流程,并能灵活运用。
4. 明确教育叙事研究的注意事项。

本章简介

20世纪90年代,教育叙事研究传入我国。作为一种新的研究方法,教育叙事研究为我国教育研究领域注入了新鲜的血液,并受到理论专家与中小学教师的青睐。本章从概念及特点、对小学教师的作用、一般方法以及注意事项几个方面对叙事研究做了详细介绍,以期对中小学教师和准教师的教育研究有所启示,从而更好地推动教育研究事业的发展。

20世纪70年代,随着心理学、社会学等领域对叙事的重新认识和深入研究,加拿大学者康纳利和克兰迪宁将叙事研究引入教育领域,教育叙事研究随之兴起。20世纪90年代,教育叙事研究传入中国。作为一种新的研究方法,教育叙事研究为我国教育研究领域注入了新鲜的血液,教育理论专家以及中小学教师以较高的热情对教育叙事研究的出现做出了回应。

第一节　教育叙事研究的概念及特点

一、教育叙事研究的概念

要理解教育叙事研究的内涵,首先要界定"叙事"和"叙事研究"的概念。

1. 叙事与叙事研究

叙事主义者相信,人类经验基本上是故事经验。[1] 叙事,通俗地讲就是讲述故事,

---

[1] [加]康奈利,克兰迪宁.叙事探究[J].丁钢,译.全球教育展望,2003(4):6—10.

是一种人类呈现自己经验、表达自己内心情感或感受的方式。叙事,抓住人类经验的故事性,使人类经验生动、形象地留存下来。

叙事研究与叙事不同。最早的叙事研究是关于"叙事"的研究,即对叙事文体的研究,比如小说或者神话故事、民间故事等。这种研究更多地应用于文学领域,后来逐渐扩展到其他领域。现在,叙事研究更多的是作为一种研究方法被提及,是指借助叙事的方式达到某种研究目的的手段与方法。因此,我们可以将叙事研究界定为:研究者通过搜集、讲述日常生活中的故事,展现故事主体的生活面貌,并且对故事主体的行为或经验进行解释以挖掘其深层的意义。

2. 教育叙事与教育叙事研究

正如叙事有别于叙事研究,教育叙事与教育叙事研究也有所不同。

教师离不开教育叙事。教师的生活是由各种各样的故事组成,他们用故事交流经验,表达困惑,给彼此以鼓励与支持。[①] 因此,教育叙事就是指将教师发生在日常教育教学生活中的事件"复活",表现在口头上或者纸笔上,其实质是教育经验的一种呈现方式。

教育叙事研究是把叙事研究带入教育研究领域中来。研究者通过搜集、讲述教师日常教育教学生活中的故事,展现教师的生活面貌,进而挖掘、阐述蕴藏在其行为或经验背后的教育意义、教育理念及教育智慧,探索教育规律。

教育叙事研究与教育叙事的区别是显而易见的。如丁钢所说:"教育经验的叙事探究不仅仅为经验的呈现方法,也成为教育意义的载体,更构成了一种开放性意义诠释的理论方式。"[②]教育叙事研究不是简单地对教育事件的再现,而是对教育叙事的意义的挖掘与升华。

二、教育叙事研究的特点

1. 叙事主体平民化

在教育叙事研究中,尤其是在教师叙事研究中,教师作为叙事主体,通过讲述发生在教育教学生活中的鲜活故事发出了自己的声音,整理、审视自己的经验并赋予经验以意义,反思自己的教育教学活动,自主地改进自己的教育教学方法。因此,教育叙事研究使研究主体下移,更加注重教师的声音。

2. 研究客体生活化

教育叙事研究关注教师的教育教学生活,叙事来源于生活并对生活做出解释。叙事

---

① 王红艳.教育叙事研究中的叙事分析模式——基于为课题研究提供方法的视角[J].教育学术月刊,2009(9):24—27.

② 丁钢.教育经验的理论方式[J].教育研究,2003(2):22—27.

的过程是教师重新体验教育教学生活的过程,也是教师对其进行反思的过程,因而教育叙事研究使研究客体走下"神圣"的学术讲坛,走进教师的生活,更具生活化的特点。

3. 从实践出发回归到实践

教育叙事研究从教育教学生活出发,去解释、挖掘并阐述其深层意义,以阐述教育的意义,丰富教育理论,并对教育实践活动的改进与完善提供理论支持。教育叙事研究的出发点是教育实践,落脚点也是教育实践,其突出的是教育生活鲜活的情节而不是抽象的理论。

4. 教育叙事研究是一种质性研究方法[①]

质性研究方法是以研究者本人为研究工具,在自然情境下采用访谈、观察、实物分析等多种资料搜集方法对研究现象进行整体性探究,使用归纳法分析资料和形成结论和理论,通过与研究对象互动,对其行为和意义建构获得解释性理解的一种活动。[②]

教育叙事研究秉承质性研究的传统,是教育专家或教师个体,亲身经历到教育教学生活中去,运用观察、访谈等多种方式搜集现场资料,并通过叙事的方式反思、挖掘、阐述故事中隐藏的教育意义。对于教育叙事而言,如果没有对事件内在意义的诠释,教育叙事研究就失去了研究的意义。

三、教育叙事研究的分类

依据不同的视角分析,教育叙事研究有着不同的分类。

根据研究主体不同,教育叙事研究可以分为两类:一是外来研究者的叙事研究,二是教师自己的叙事研究。外来研究者的叙事研究是指教育专家或者研究学者、学生作为研究主体,深入一线教师的教育教学生活中去(教师则担任参与者的角色或者作为叙事主体),通过观察、访谈搜集研究资料,形成以叙事为主体、以阐述意义或理论为总结的研究报告。教师自己的叙事研究是指教师个人作为研究主体,叙述自己教育教学生活中重要的、有意义的事件,对其进行总结反思,以形成研究文本。

根据研究内容的不同,教育叙事研究可以分为两类:一类是课堂教学叙事研究,另一类是教师生活叙事研究。课堂教学叙事研究是对教师课堂教学的某些有意义的或者存在问题的片段进行叙述与解释,以引起教师自身或者读者的启发与反思;教师的成长不只是在课堂教学中,除此之外还体现在教师与同事、家长、亲人交往的日常生活中。教师生活叙事研究通过对教师日常生活的描述,了解教师成长的历程,揭示教师的生命意义。

---

① 主要参考杨小微. 教育研究方法[M]. 北京:人民教育出版社,2013:113.
② 陈向明. 教师如何作质的研究[M]. 北京:教育科学出版社,2001:12.

第二节 叙事研究对小学教师的独特作用

首先,进行叙事研究可以促进小学教师的专业发展。

长期以来,小学教育理论领域流通的是那些经过高度抽象概括化的语言,当它们返回教育实践时,教育经验被隐藏,教育理论对教师专业发展的指导作用被弱化。

教育叙事研究是小学教师对发生在自己身上的教育事件的重新体验,是其积累实践经验、形成教育智慧的过程。该过程有利于他们原因意识的强化及判断力的提高,可提高其发现问题、解决问题的能力。另外,教育叙事研究的过程本身就是小学教师研究意识增强的表现,而教育研究对于加深小学教师对专业知识的理解与深化以及促进其专业发展具有重要意义。

其次,进行叙事研究可以激发小学教师的自我意识。

长期以来,由于传统的教育科学研究方法程序复杂化、标准化,这就要求研究者具备较高的理论水平和专业素养,加上小学教师的时间精力有限,教育研究几乎成为教育专家的专利。小学教师面对权威性的教育理论,只是被动地听从、接受、实施,失去了自身的发言权。这一切使得他们迷失了自己,忘记了自己为什么会成为一名教师、要成为一名什么样的教师、自己的教育教学实践的意义究竟在哪里。

教育叙事研究尤其教师叙事研究,是小学教师进入沉静思考的状态与自己心灵对话的过程,是他们重新思考、重新定位自己教育使命的过程。他们站在自己的角度反思自我、挖掘自我,倾听自己内心深处的声音,从而能够建构自己独到的教育意义与教育理念。因此,教育叙事研究带来了小学教师自我意识的觉醒,让他们找到了自己的努力方向与生命意义。

最后,进行叙事研究可以改变小学教师的生存方式。

由于小学教师工作环境相对封闭,很多教师容易在单调循环的生活中变得麻木、慵懒。那些鲜活的教育事件在教师眼中也变得琐碎、乏味,此刻教师个体的生存方式也是得过且过的。

教育叙事研究的到来,让小学教师开始打起精神,用问题意识和探索眼光仔细打量身边的教育事件,并对自己的教育教学生活不断地追问、反思,探寻教育的意义。那些鲜活的教育事件使小学教师单调、乏味的个体生活变得生动、有趣,使其生命的意义也因此变得丰富多彩。另外,小学教师的自主性和自主能力得以最大的发挥,得以走出习以为常的教育模式,不断探索并创造出自己心目中理想的教育教学生活。因此,教育叙事研究成为小学教师转变生存方式、提升生命境界的重要方式。

第三节　教育叙事研究的一般流程

与一般性质的研究相同,教育叙事研究也有其相应的实施步骤,可以建构出图 7-1 所示的流程图。

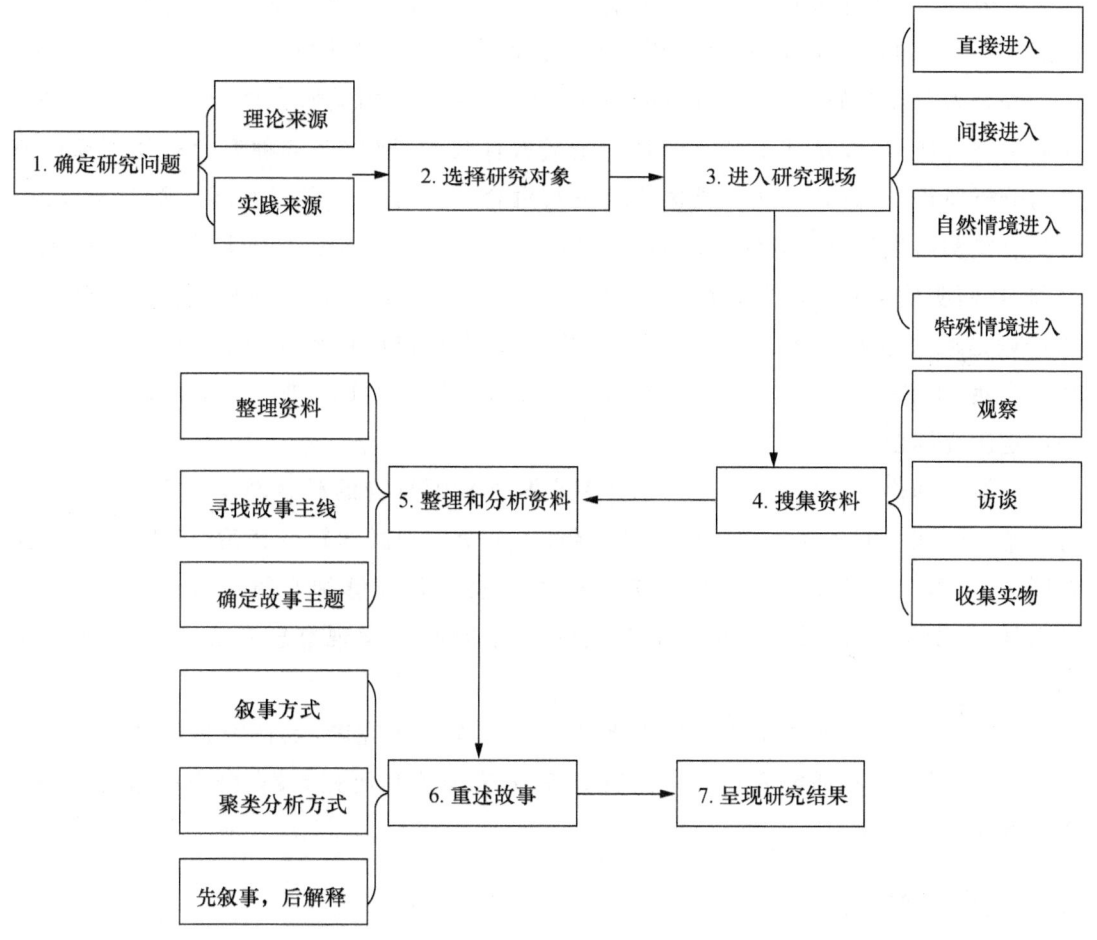

图 7-1　教育叙事研究流程图

下面我们将结合一些具体的研究课题对其进行详细说明。

一、确定研究问题

研究问题的确定对于任何一项研究来说都是一个非常重要的前提,教育叙事研究也不例外。

叙事研究更加注重从教育教学实践中去发现问题,更加关注对教育意义的理解与解释。因此,叙事研究的问题首先应该是教育实践中真实存在的、有教育意义的问题。这样的问题在教育实践中有很多。是不是所有这些问题都可以做叙事研究呢?当然不是。教育叙事研究不追求唯一的、普遍的"真理",而是更注重以"小叙事"来繁荣"大生活",更关注微观层面细小的、普通的教育事件,更加强调对教育中特殊的现象进行描述和体察。①

一般而言,教育研究的问题来源有两个:一是来源于教育理论;二是来源于教育实践。② 不同的研究主体,在确定研究问题方面可能会有所不同。

外来人员作为研究者,其研究的问题可能是受某些相关研究的启发、为了弥补一些研究空白所得,或是基于某一教育理论或教育政策,通过对某种教育教学现象的观察与分析所得。例如:《教学观念的断裂与融合——对一位实习教师的叙事研究》③,是受有关实习生教学观念转变的研究的启发,由关注观念转变的结果转向关注转变的过程,从而明确了研究问题;《城里来的农村教师——一位农村领袖教师发展的叙事研究》④则是通过透视国家"西部计划"的政策,并结合一位成功教师的案例确定的研究问题。当然,也有一些研究者则是从教育实践出发,从教育实践中存在的问题入手选择并确定研究问题。

一线教师作为研究者,研究问题大多来源于教师自身的教育教学实践:一节设计得非常好的课可能蕴含着教师的勇敢创新;一个学生细微的转变背后可能是教师的别具匠心,等等。教师作为研究者要有一定的研究意识,能够细心留意教育教学生活中的事件,善于从平凡、琐碎的事件中发现不平凡的信息,发现有思考价值、研究价值的问题。

另外,不管是外来人员作为研究者还是教师作为研究者,其研究选题还应当具备一定的可行性,包括研究者自身的知识储备、研究经验和研究兴趣、研究所占有的研究资料和研究经费等。

二、选择研究对象

选择研究对象是教育叙事研究中非常重要的一个环节,研究对象的选择是教育研究得以顺利进行的保障。

就外来人员的叙事研究而言,选择研究对象意味着要走进研究对象的生活,试图与其建立积极、良好的互动。首先要求研究者充分了解研究本身的性质,能够根据研

---

① 杨小微.教育研究方法[M].北京:人民教育出版社,2013:115.
② 傅敏,田慧生.课堂教学叙事研究:理论与实践[M].北京:教育科学出版社,2009:101.
③ 王长江,任新成.教学观念的断裂与融合——对一位实习教师的叙事研究[J].教育探索,2012(7):20—24.
④ 石亚兵.城里来的农村教师——一位农村领袖教师发展的叙事研究[J].上海教育科研,2011(10):43—46.

究的主题、人力、物力、财力等情况确定研究环境和研究对象;其次要求研究者要有敏锐的心灵,结合研究主题把握研究对象的特点,真正了解研究对象;再次,要求研究者要将自己的研究活动详细地加以介绍,以获得研究对象的认同、理解与合作;最后,从研究伦理的角度来讲,研究对象可以在任何时候以任何理由选择退出研究,所以研究者也应注意尊重研究对象的意愿。

教师作为研究者,其研究对象多为自己或自己所教的学生,研究的场所多为自己熟悉的校园或教室。所谓"不识庐山真面目,只缘身在此山中"。因此,教师要能用研究的眼光审视自己的工作,跳出相对狭隘的个人经验世界。

三、进入研究现场[①]

研究现场是研究者观察、了解研究对象的真实环境,是教育叙事研究获得真实资料的直接来源。由于教师的教育教学活动主要发生在校园里,所以进入研究现场就意味着走进校园,与师生共同生活。

进入研究现场的方式有很多。研究专家作为研究者可以通过与研究对象熟悉的人介绍直接进入现场,也可以通过观看录像等方式间接进入现场。教师作为研究者则可以在自然状态下轻松地融入现场,也可以通过创设特殊情境快速进入现场。但是无论以何种方式进入研究现场都要征得研究对象的同意与许可。

例如,《教学观念的断裂与融合——对一位实习教师的叙事研究》[②],研究者以实习指导教师的身份,在自然状态下直接进入研究对象赵小军的实习课堂开展观察,并与其进行交流与访谈。

四、搜集资料

搜集资料是使研究者思路更加清晰、研究目的更加明确的过程,同时也是将研究推向更深层次的关键所在。教育叙事研究的资料来源于教师的教育教学生活,研究者进入研究现场就意味着搜集资料的开始。

研究者可以通过多种途径、多种方式获取研究资料。

首先,可以通过观察了解研究对象的教学行为和教育生活。研究者可以直接观察研究对象的课堂及课余生活,了解其工作方式及特点;也可以直接观察其工作与生活环境,了解其兴趣与处事风格。观察是在自然状态下进行的,要尽量保持客观、真实,尽量还原故事的现场感、真实感、情境感。

[①] 主要参考杨小微.教育研究方法[M].北京:人民教育出版社,2013:116.
[②] 王长江,任新成.教学观念的断裂与融合——对一位实习教师的叙事研究[J].教育探索,2012(7):20—24.

其次，通过与研究对象的访谈交流，了解其成长历程。访谈包括正式访谈和非正式访谈两种形式。注意，访谈的目的不是要去寻找那些本身带有价值的信息和证据，而是使对方去回顾他们的整个生活，努力去追寻那些细致入微的记忆[①]，从而使研究者在观察中获得的外部感受得以深化，使研究对象的外显行为得到意义诠释。访谈交流对于研究者的要求较高：研究者要对访谈问题进行精心设计，力求题目的开放性；研究者要掌握良好的沟通技能、具备一定的亲和力，尽量创设轻松愉悦的沟通环境，并能善于捕捉研究对象的心理变化及时改变访谈策略。

另外，研究者可以收集一些由研究对象提供的个人的工作日记、照片、信件、纪念品以及学生的日记、周记。这些材料不仅有助于唤醒研究对象关于事件的记忆，而且对于揭示研究对象的思想理念、丰富深化教育叙事研究意义重大。

以《教学观念的断裂与融合——对一位实习教师的叙事研究》[②]为例，我们可以清楚地看到研究者通过哪些途径搜集资料，见表7-1。

表7-1 《教学观念的断裂与融合——对一位实习教师的叙事研究》搜集资料的方法汇总表

搜集方式	具体实施
课堂观察	10节正课、4节习题课、3节试卷讲评课
深入访谈	与研究对象深入访谈7次、与研究对象的指导老师访谈3次、与研究对象的学生访谈3次
作品分析	实习日志、论文作业4篇

五、整理和分析资料[③]

任何研究都离不开对所搜集的资料进行整理和分析。"资料有它自己的生命，只有当我们与它待在一起到一定的时间，与它有足够的互动以后，它才会相信我们，才会向我们展现自己的真实面貌"[④]，整理和分析资料就是与资料的生命进行对话的过程。每一次阅读资料，都是研究者重回故事现场、再次经历事件的过程，都会让研究者产生新的感受与体验。因此，整理和分析资料是教育叙事研究极为重要的环节。

叙事研究的特点决定了我们搜集到的资料是庞大的、丰富的。及时整理资料，对于我们系统把握搜集到的资料及研究的整体方向都是必要的。在搜集资料的过程中，由于时间关系，我们可能采用了录音的形式，或者在笔录的过程中只是简要地做了记

[①] 丁钢.声音与经验：教育叙事探究[M].北京：教育科学出版社，2008：78.
[②] 王长江,任新成.教学观念的断裂与融合——对一位实习教师的叙事研究[J].教育探索，2012(7)：20—24.
[③] 主要参考陈向明.教师如何做质的研究[M].北京：教育科学出版社，2001：160—196.
[④] 陈向明.教师如何做质的研究[M].北京：教育科学出版社，2001：163.

录。在整理资料时,要尽量保持其"原汁原味"。如将录音进行转录时,要逐字逐句地整理,包括研究对象的神态、动作等一些非言语行为。整理笔记时,则要将简化的内容补充完整。对于搜集的实物,也应进行细致的检查,以免出现错误。

在叙事研究中,对叙事资料的分析首先要求研究者系统认真地通读资料,寻找故事的整体感即故事主线(围绕故事主线,可以追溯故事发生的时间、地点、人物、事件、过程和原因),并用自己的话将故事记录下来。然后,将资料打散,在资料中寻找与研究问题相关的类属("类属"是资料分析的一个意义单位,代表的是资料所呈现的一个观点或一个主题),并确定故事的主题。

六、重述故事

研究者在搜集、整理分析资料的过程中,整个教育事件的主线越来越明确,此时就可以重述故事,重述的过程其实也是深入分析整理资料的过程。

1. 如何呈现故事

教育叙事研究不同于一般的教育叙事,其指向的不是"故事",而是故事背后的"教育意义"及其理解。在教育叙事研究中,可以以三种方式呈现故事。[①]

(1) 叙事方式。

叙事的写法是将调查研究中所获得的材料整理成一份有情节、有内在线索的故事,将相关的教育理论隐藏在故事的深处,让读者在阅读故事的过程中发生某种"隐性学习"的效应。

(2) 聚类分析方式。

聚类分析的写法就是将调查研究中获得的材料分门别类,每一个类别实际上就是一个相关的教育主题或教育道理。分类之后,再用相应的材料或故事来为这些教育主题或教育道理提供"证词"。因此这种方式相较叙事的方式,其特点在于直接将故事的意义或道理告诉读者,不用读者自己去领会和琢磨。

(3) 先叙事,后解释。

这是前两种方式的综合。在整体上保持故事的完整性和情节性,但每一个故事都有一个相应的教育主题或教育道理,而且各个教育主题和教育道理之间有某种内在的连接。具体的写法要么是夹叙夹议,要么是先叙后议。

2. 在叙述故事的过程中应该注意的问题

(1) 主题明确。

一个完整的教育故事必须有明确的主题。截至目前,研究者应该已经掌握了大

[①] 刘良华.教育叙事研究:是什么与怎么做[J].教育研究,2007(7):84—88.

量的叙事材料,并在整理分析材料的过程中明确了故事的主题。在叙述的过程中,一定要时刻把握故事的主题,哪些讲哪些不讲,哪些详细讲哪些略讲,都应该根据主题进行选择。

(2) 深度描写。

教育叙事的成功与否,很大程度上取决于重述故事时是否把握了描写的"深度"。

在描述故事时,要充分关注故事的背景,并对当时的情境做细致的描述,关注到每一个细节。以下是《山村小学青年教师需要的叙事研究》中对研究对象李老师工作环境的深度描写的一个片段。①

> **案例 7-1　深度描写示例**
>
> 山,连绵不断,云雾缭绕。站在学校往四周看,除了山还是山,天空只有巴掌那么大。学校蹲在茂密修竹之中,黑乎乎的。学校前有一块空地,是操场。操场有一颗百年老槐,树叶稀疏,枯干龟裂,像一个被人遗弃的老人。
>
> 所谓的教室,就是祠堂的左右两厢和后面的小礼堂。小礼堂的神龛上还陈设香炉。由于多年失修,教室上面好几处瓦片都没有了,可以看见天。一到下雨就遭罪了,外面下大雨,里头下小雨。学生只好移桌椅,哪儿不漏往哪儿躲。教室里的光线特别差,阴天下雨,黑板上的字根本看不见。祠堂前部戏台的屋檐下,悬挂着半截钢轨,算是上下课用的钟。天井里,插着一株长毛竹做成的旗杆,升降国旗都由老校长一个人掌管。

研究者对李老师工作环境的深度描述,让我们仿佛置身于偏远、落后的山村,对李老师工作、生活中的种种无奈与辛酸多了几分理解与体会,并为下文对李老师个人需要的满足水平的分析做了铺垫。

(3) 语言生动形象。

教育叙事研究之所以独具魅力,正是因为其充分利用了语言的作用。同样一件事,有人说得跌宕起伏,有人说得平淡无奇,这也是语言的魅力所在。因此,在教育叙事中,语言的运用也要讲究一定的技巧。比如说可以恰当运用一些叙事手段,如一些修辞手法,注意语言的生动形象,给读者营造一种身临其境的感觉。

---

① 肖正德,刘长吉.山村小学青年教师需要的叙事研究[J].教育理论与实践,2003(10):59—63.

七、呈现研究结果

在教育研究活动中,研究结果的呈现有多种方式,如研究报告、研究论文等。研究论文又包括学术论文和学位论文两种形式。

考虑本书主要面向小学教育专业的研究生,因此在教育叙事研究中,通常采用学术论文和学位论文的形式呈现研究结果。与一般的研究论文结构相似,叙事研究的学术论文主要包括标题、署名、摘要、关键词、正文、注释与参考文献六个部分,学位论文的结构则更加严谨和规范,包括封面、扉页、目录、中英文摘要、中英文关键词、引言、正文和附录八个部分(其具体的格式与要求详见本书第十章)[①]。

其中,正文是研究论文的核心部分,一般包括研究问题的提出(包括研究的背景和意义),研究的实施(包括研究对象的选择、进入研究现场的方法和过程、搜集和整理分析资料的方式),研究的结果与分析。与一般的研究论文不同,教育叙事研究的论文中研究的结果与分析部分,重新讲述的故事占据重要地位。在学术论文中,故事通常以"先叙事,后解释"的方式呈现,既有精彩的故事,又有理性的分析。精彩的故事增强了论文的趣味性与可读性,理性的分析保证了论文的理论性与学术性。

另外,一些观点认为叙事研究的论文关键在于呈现有意义的故事,但这并不意味着叙事研究不需要文献检索。文献检索是做任何研究必需的一项工作,叙事研究不仅需要了解相关研究问题的研究现状、研究趋势及现有研究存在的问题以更好地确定研究问题的着眼点和范围,甚至是对叙事研究方法本身也要有所了解。因此叙事研究的论文中也应对文献检索的情况进行说明。

当然,上述的实施步骤并非固定不变的,由于研究主体不定,既可以是外来研究者又可以是教师自身。因此,在具体实施过程中,可以根据自己的需要进行取舍。

第四节 教育叙事研究的注意事项

一、研究需要一定的理论基础

教育叙事研究的兴起,让很多中小学教师看到了教师做研究的希望。很多老师认为,任何一个老师都可以做教育叙事研究,因为它不要有高深的理论做基础。但实际上,任何研究都不可能离开理论的支撑。小到从教育教学生活中发现问题,大到透过教育教学生活事件发现教育的意义,都离不开理论知识的指导。比如,哲学理论为我

---

① 本章附录部分引用了一篇叙事研究的学位论文,以供参考。

们提供的逻辑与思辨方式,教育学、心理学理论为我们透过教育现象看教育意义提供思路、指明方向。因此,教育叙事研究仍然需要教师们掌握一定的理论知识。

二、故事不能虚构

关于这个问题,存在不同的观点。学者刘良华认为,教育叙事研究既可能叙述真实的教育事件或教育现象,也可能叙述想象中的虚构的教育事件或教育现象,并以柳宗元的《种树郭橐驼传》、卢梭的《爱弥儿》为例进行论证。[①] 持另一种观点的学者也不在少数,学者丁钢曾明确指出:"我们可以在叙述上运用文学的手法,但这种文学性的描述必须建立在对现场观察的基础上,是对研究参与者言语行为的真实叙述,而不是虚构。"[②]就我们在读学生的研究而言,关于一线教师的教育叙事不能虚构。我们要对教师教育教学生活中真实发生的故事进行研究,只有通过对真实发生的故事进行分析才能挖掘其思想及其行为的意义,从而诠释教育的意义。

三、正确处理价值涉入问题

教育叙事研究的人为性,决定了教育研究不可避免地受到研究者与参与者个人主观意识及价值观念的影响。首先,研究的参与者可能会考虑到个人的隐私问题,不愿意或者不能讲述真实的故事或者有所隐瞒。其次,研究者在搜集资料和解读故事文本时,往往受个人研究目的或研究意图的影响而不能做到客观公正,从而导致研究报告中参与者的声音有所削弱。因此,研究者在研究过程中应尽可能搜集多种形式的资料,比如参与者的日记、照片或者对故事现场进行的录音等,广泛、准确地引用研究参与者的话语。

四、合理权衡教师的双重身份

在教师叙事研究中,一方面,教师作为研究者,自己及学生是研究的对象;另一方面,教师作为参与者,是教育故事的演绎者与讲述者。这种双重身份使教师在叙事研究中面临多种冲突与矛盾。比如,在教师明确了自己的研究目的后还能不能尊重教育故事的自然状态,以一个旁观者的身份记录故事的发生与发展;在对教育故事进行叙述和解释时,会不会有所倾向或有所隐瞒等。因此,教师要把握好自己的双重身份。作为研究者,要保持客观公正,尊重教育事实,更多地倾听和记录其他参与者的反应与声音,避免过多的个人主观意识。作为参与者,要尽量全心地置身于教育故事中,尊重教育故事的自然状态。

---

① 刘良华.教育叙事研究:是什么与怎么做[J].教育研究,2007(7):84—88.
② 丁钢.声音与经验:教育叙事探究[M].北京:教育科学出版社,2008:5—11.

知识要点

1. 教育叙事研究对中小学教师的独特作用。
2. 教育叙事研究的流程。
3. 教育叙事研究的注意事项。

思考与练习

1. 结合生活实际,谈一谈叙事研究对中小学教师的独特作用体现在哪些方面?
2. 留意身边的教育教学事件,写一篇教育叙事。
3. 结合教育实践中的某个问题,尝试利用叙事研究法进行研究,并写出研究心得,与同学交流。

附录:

叙事研究论文《我的新教师生活——新教师专业发展的叙事研究》节选①

节选(一)

目 录

中文摘要	Ⅰ
Abstract	Ⅲ
第一章 绪论	1
一、问题的引出	1
二、研究方法的选择和新意	3
三、资料的处理	5
四、概念的界定	7
(一)教师专业发展概念的界定	7
(二)新教师概念的界定	10
第二章 我的新教师生活	14
一、引子	14
二、第一天	16
印象	16
学校	16

---

① 姚红玉.我的新教师生活——新教师专业发展的叙事研究[D].广西:广西师范大学,2003.

三、第一周 19
备课 19
四、第一个月 21
学生报到 21
开学典礼 22
收费 23
五、第一个学期 26
办公桌 26
婚姻 27
上课 28
唐老师 34
抄作业和课堂纪律 36
周老师 40
市教委检查 41
打游戏 43
家长 46
离开 50
六、两年后 51
第三章　我看新教师 54
一、新教师的特征分析 54
1. 从新教师的心理发展角度来看 54
2. 从新教师社会化的角度来看 55
3. 从新教师认知发展的角度来看 55
二、新教师面临的挑战 64
三、新教师需要更多的支持 71
1. 新教师引导方案目标的确立 71
2. 新教师的引导方案 71
四、对新教师的建议 73
结束语 75
中文参考文献 77
Foreign References 80
后记 82

节选(二)

中文摘要

一般而言,刚刚进入教师岗位任教的教师,通常要经历一个艰难又极具决定性的阶段,即新教师阶段。新教师在这一阶段社会化过程的失败将不仅仅导致他们离开教师职业,而且由此还会带来诸多的教育问题:新教师离职可能会使一些非常有天赋从事教师工作的新教师离开这个对他们来说极有发展潜力的职业,这对教育人才的积累来说是极大的损失;同时,新教师的离职会使另外一批新教师走上讲台,从而使学生不断地处于对新教师的适应阶段,无疑这将会严重影响教学质量,对学生的终生发展也会带来不利的影响;更重要的是新教师阶段所形成的教育理念和教学模式将极大地影响他们日后教师专业的发展。本研究便是针对这一问题而进行的一项案例研究。

研究采用了社会科学研究中越来越凸显其独特魅力的"质"的研究方法,并主要采用"质"的研究中的"叙事研究"进行研究。教育领域里的"叙事研究"关注如何叙事,以及如何以恰当的叙事方式展开教育研究。叙事研究重视叙事者的处境和地位,肯定叙事者的个人"生活史"和个人"生活实践"的重要意义,是对教师个人"生活史"和"个人知识"的确证。

叙事研究不仅仅关注教育的"理"与"逻辑",更关注教育的"事"与"情节",及时提出教育的"理"与"逻辑",使这种"理"与"逻辑"从具体的教育事件及情节中成长出来。叙事研究大致分为两类:一种是叙事的教育行动研究;另一种是叙事的教育人类学研究。

本研究资料的主要来源是我在五年中学教师生涯中所经历过的发生在我身上和同事身上的诸多事件,以及我在进行另一项跟踪扎根研究,深入一位小学教师的生活时所搜集的资料,还有一些则来源于书籍、杂志以及网上。在此项研究中我既是研究者,同时也是主要的述说者。但是由于已经不再是一名中学教师,缺少了改变教育实践的行动的场所和对象,我的述说实际上已经完全变成了一种文本,只不过恰好对这些文本进行研究的又是我自己而已。因而本研究的性质更接近于叙事的教育人类学研究。

本研究对发生于新教师生活之中的大量事件进行了生动的描述,通过对大量原始资料的分析,梳理出了一条清晰的故事线索,力图通过这一故事充分展现新教师生活的真实场景、教师的"生活史"和"个人实践知识",还针对各种事件进行了解释与分析。并在此基础之上从新教师的心理发展角度、新教师社会化的角度以及新教师认知发展角度等方面归纳出了新教师所具有的特征。

对新教师将会面临的各种挑战——维持课堂上的纪律;调动和维持学生的学习动机;依据学生的个性实施个性化教学;对学生做出正确、公正的评价;与家长的互动;处理学生的个人问题;日常的组织工作;大量繁重的教学任务和相对较少的准备时间之间的矛盾;处理与同事间的人际关系;为更好地上课获得充足的资料——等作了分析。还对产生这些困难的主要原因——强烈的模仿倾向;疏离其他教师的倾向;理论难以联系实际;刻板僵硬地使用教学方法、技巧与原理——等作了分析。

从而得出结论,新教师需要来自各方的支持。要建立完善的教师培养体系,建立新教师的引导制度是不可或缺的。

节选(三)
第二章 我的新教师生活

……

二、第一天

印象

几乎所有职业及工作的开始都是困难的,教师职业也不例外,而且是有过之而无不及。可是即将走上教师岗位的我却全然不知,而是沉浸在对未来无限美好的憧憬之中……

迈着轻快的步伐,我与另外一位与我一样刚刚被分配到市第一中学当老师的应届毕业生马丽一同去报到。路上我们有说有笑,初秋的天是那么的蓝,阳光是那么的明媚,愉快的心情伴随着我们。

一中位于北方的一个中等城市的东部,市区与郊区的交界处。

将到一中时,道路却让我们犯起难来,这条蜿蜒几公里的路,泥泞不堪,特别是在一中门前一带,地势极为低洼,高处的雨水都汇集于此,加上不断有车辆驶过,使得本已十分泥泞的路变得坑洼不平,到处积满了黑泥水,还不时散发出难闻的臭味。

"这个学校怎么建在这个鬼地方,以后上班岂不是每天都要走这条烂路?"我心想,一丝不快掠过心头。无奈,马丽和我只好绕了一段路,才终于来到了一中的校门口。

学校

只见两扇破旧的铁门两旁挂着两块牌匾,一块为"某市第一中学",另一块为"某市第一中学印刷厂和某市第一中学装潢材料厂"。

"真破,比起我上初中时的母校差远了。"我心里嘀咕着迈进了学校大门。

一走进校门,迎面便是一栋三层楼。

"这就是一中了?只有这一栋楼吗?"

带着疑问我们走进这幢楼,宽敞的楼梯现于眼前,楼梯的左右两侧各有四间教室。最左侧的一间教室被隔开了做印刷厂,厂门也开在这栋大楼的外面,与隔壁的初一(4)班互不干扰。挨着初一(4)班教室右侧的是初一(3)班的教室,接下来是初一(2)班教室。初一(1)班教室则位于楼梯的右侧,挨着它的是两个教师活动室和储藏室。

……

离开前,马丽和我参观了一下将要开始新生活的学校。楼后面就是操场了,也就是说学校只有一栋楼。操场不大,但设备也算齐全。操场的中央有一个篮球场地,还有两个足球门分布于操场的两侧。正对教学楼矗立着一个露天的方方正正的领操台,台上那根长长的杆子上飘着五星红旗。站在领操台上,面对操场,左边是厕所,右侧是装潢材料厂。正对面又有一层高楼,不过它是一所小学的教学楼,它成了一幢天然的围墙,并与真正的围墙相连,构成了一中的疆界。一间平房嵌于其中,后来我才知道这是一中的房产,给家在外地的单身男教师当宿舍用,住宿条件之差可想而知。围墙上长满了青苔,有些地方已因年久失修而坍塌下来。这可方便了附近的居民,他们或是毫无阻拦地翻墙入校,或是顺手将垃圾直接抛入学校的院墙内,久而久之便在靠近厕所院墙内堆起了一座垃圾山。

报到后在回家的路上,和煦的风吹过脸庞,我心情舒畅,感到一切都是那么新鲜,校长和其他老师也是那么的亲切和蔼。虽然学校不是很大,比起我上初中时的学校小了很多,也不够气派,但是不论怎样,这融洽的气氛使我一下子喜欢上了这个学校,并开始憧憬着这份工作的美好未来。

"我要干出一番事业来!我要做好每一件事!我一定能做好!"我暗下决心。

可以看出,一中的教学物质条件并不理想,设备勉强可以维持教学,由于工资时常发放困难,校长也承受着巨大的压力。从校长的言谈中可知,他非常关心的仍然是一中的升学率问题。对于新教师问题他没有提及,似乎也不了解,也没有采取任何应对新教师问题的策略。研究认为,新教师的发展比其他教师发展阶段面对的挑战和艰难更多,因而挫折的经验也会相对多。这一点不但校行政部门的领导忽视了,而且就连新教师自己往往对此也通常是全然不知,依旧怀有一种美好的梦想和崇高的教育理想。由于缺少领导的支持和个人的盲目乐观,使得接踵而至的挫折经验极具有杀伤力,极易造成心理上的失衡。

俗话说,知己知彼,百战不殆。如果学校行政部门的领导懂得教师专业化理论,并对教师专业化问题有深刻的认识和理解,那么,校领导只需采取一些简单的措施便会极大地帮助新教师度过这个艰难阶段,同时不但有利于新教师的顺利适应,也有利于学校之中开放的专业文化氛围的建立;如果新教师在进入教师岗位之前也知道教师专业发展理论,了解新教师一般要经历一个"求生和存活期",知道可能会面临各种失败,也知道这是一个正常过程,那么失败将不那么可怕,同时也有利于新教师在心理上的自我调整。

第八章　教育个案研究

学习目标

1. 明确个案研究的概念及基本特征。
2. 了解个案研究方法的优势及局限性。
3. 基本掌握个案研究方法的一般过程。
4. 理解个案研究方法对于小学教育研究的独特意义。

本章简介

教育个案研究因其关注具体情境和个体，契合因材施教的教育理念，在小学教育教学研究工作中应用广泛。本章针对小学教育日常研究中的需要，简述个案研究的概念与特征、优势及局限，最后系统介绍个案研究的一般过程，希望为准教师和一线教师的教育研究提供借鉴，从而运用个案研究方法更好地指导学习与教育教学工作。

与调查研究法、实验研究法不同，教育个案研究严格来说并不是一种独立的研究方法，它对研究过程中的研究手段和研究方法没有直接明确的界定：在个案研究中，我们可以综合使用各种研究方法，如历史研究法、调查法、实验法、比较研究等。但其强调研究对象是有边界的：研究对象的数量为一个或较少——这是个案研究的本质特征。由于研究样本容量小，研究者可以更好地关注研究个体，探究个体的过去、现在和未来，厘清其复杂的情感世界和心理变化，"窥一斑而知全豹"，在对"一斑"深度细致的研究中，获得对研究对象细致的了解，从而对研究问题——"全豹"有更深层次的把握。由于个案研究关注个体，能够帮助教师对症下药、因材施教，因此日益成为小学教育教学中一种重要的研究方法。

第一节　教育个案研究的概念与特征

一、教育个案研究的概念

"个案"（case）一词来源于医学，个案研究最早是指医生对病人进行详细的检查、分析和诊断，提出具体的治疗方案，并对治疗效果进行检验的一种方法。在社会科学领域中,个案研究最早被应用在法学教学中。1870年,哈佛大学法学院运用个案研究,建构一个可以进行讨论和辩论的框架,来帮助学生学习法律原理,分析法律案例。此后个案研究在社会学、心理学、教育学等领域的研究中得到越来越广泛的运用。[1]

关于个案研究的定义,不同研究者持不同的观点。伊恩(Yin,1994)曾将个案研究界定为研究过程,"个案研究是在正式生活场景下对当前现象进行探索,特别适用于现象和场景的界限并不明显的状况"。[2] 伊恩虽然注意到个案研究对自然情境的要求,但界定过于笼统,其强调对现象的探索,是一切研究的共同关注点,而没有突出个案研究相对于其他研究的独特性。史密斯(Smith,1978)和斯塔克(Stake,1994)等人则从个案研究的研究单位出发,将个案界定为"有边界的系统"。所谓的"边界",指的是个案与其他个案及其环境之间的区别。所谓的"系统"是指个案内部构成了一个自成一体的单位。[3] 个案是众多中的一个,它可以是班级中的一个学习困难学生,可以是一个学风优良的班级,也可以是一个教育改革成效明显的学校。个案应该是特定的、对研究问题具有特定功能的事物。

对个案的界定是厘清个案研究这一概念的关键。而对个案研究操作程序的把握可以帮助我们更好地应用个案研究。

正如前文所述,教育个案研究不是一种独立的研究方法,它是根据研究问题综合选择适切的研究方法,对一个或较少数量的对象进行研究的研究形式。从个案研究的具体操作程序看,个案研究已逐渐形成两种形态:一种是量化研究取向,其主要受实验心理学的影响,采用教育实验法、调查法等,制订实验计划、搜集实验数据、进行量化分析,逐步发展成"个案实验法";另一种则是质性研究取向,主要受精神分析、诠释学、批判理论及人类学的影响,运用观察法、访谈法等搜集资料,进行诠释和研究。而后者在一线教师的个案研究中应用更广,其原因有以下两种。

首先,从研究取向的特点看,质性研究取向与个案研究更匹配。量化研究取向,多通过研究对象和研究数据的累积来保证研究信度和效度。通常而言,研究对象样本数量越大,研究的效度也越高。而质性研究取向多以研究者为研究工具,在自然情境下对个体的变化、发展进行深描和归纳,从而获得个体更细致的深层次资料,揭开湮没在数字中的个体的心理世界和情感变化,也更有利于个案研究资料的搜集、分析。其次,一线小学教师与学生接触时间长,有充分的机会访谈和观察学生,以获得质性研究数据。从小学教师的工作特点来看,质性取向的个案研究可以更好地"趋利避害":既充

---

[1] 张福娟,江琴娣.特殊儿童个案研究[M].上海:上海教育出版社,2005:6.
[2] Yin, R. K.. Case Study Research: Design and Methods. (2nd ed.)[M]. Thousand Oaks, Calif.: Sage,1994.
[3] [美]莎兰·B.麦瑞尔姆.质化方法在教育研究中的应用:个案研究的扩展[M].于泽元,译.重庆:重庆大学出版社,2008:20.

分利用了一线教师与学生接触多的优势,又避免了对小学教师高难度量化数据统计分析技术的要求。

本章着重于阐述应用范围更广、更具适切性的质性研究取向的教育个案研究。结合以上对个案研究的研究单位和操作程序的阐述,我们认为,质性教育个案研究是对自然情境下有边界的系统(学生、教师、学校、教育事件等)采用质化方法搜集分析数据,进行深入详实的描述、诠释与分析的一种研究方法。

二、质性取向个案研究的主要特征

1. 对具体事例的研究

个案研究的研究对象是从"一个类别中抽取出来的案例",是对一个类别中感兴趣的个体的关注,尤其关注特定人群面对特定问题所采取的对策。例如,如果研究者对小学语文中的童话教学有兴趣,可以从中选择一个学生或是一个班级,对其进行语文童话教学内容的选择、教学方法的应用和教学效果等的深度研究,从而对小学语文童话教学获得可能多的理解和认识。在这个例子中,一个学生或一个班级就是一个分析单位,它是有边界的、具体的。当然,具体事例还可以是一所学校、一个项目、一门课程、一名教师等。

2. 对个案的深入研究

在选定研究对象后,研究者需要围绕个案搜集、分析数据,对研究现象做丰富、深度的描述。这些描述通常是质化的,其运用散文和文学的技法进行描述,诱发想象,分析情境,运用事件、引述和实物等来形成研究报告,阐明自己的观点。例如,在"小学低段学生词语理解困难的个案研究"中,为考查学生词语理解困难出现的原因,对一个学生进行了深入细致的调查和研究,主要通过教师访谈、调查读写困难学生的家庭读写环境以及对学生进行课堂观察等方式搜集与分析资料。这种研究更关注对特定研究对象的深度描摹和分析,而非对多个研究对象的泛泛而谈。

3. 在自然情境中对现象进行研究

通过深入探究特定时空中的情境,个案研究能更深入地了解个体的主观意愿、生存状态和人生中的某段经历。这种强调深入透彻地关注自然场景中的特定故事的研究方法,能够帮助我们更加全面、整体地打量教育现实,发现教育现象中各种影响因素的复杂交织。[①] 科龙巴赫(Cronbach,1975)提出"在场景中解读",即研究者开展实地调查,在自然情境下与被调查者进行交流,"到他们的地方观察他们,用他们的语言和谈话方式跟他们交流"。《街角社会》的作者,美国社会学家威廉·富特·怀特(William

---

① 余昱.教师研究场景中的个案研究——兼与行动研究比较[J].湖南师范大学教育科学学报,2003(3):28—31.

Foote Whyte)在对波士顿的一个意大利移民区进行个案研究时,即以研究对象"街角帮"一员的身份,通过融入游荡于街头巷尾意裔青年的日常生活,进行观察、记录、搜集资料。教师在开展个案研究时也应在教育教学中对研究对象进行深入的观察和研究,如在对班级学习困难生的个案研究中,教师应俯下身子走近学生,了解他们的家庭环境,观察他们在课堂上、在课外活动中的表现,分析他们学习困难的原因,而非端着教师的威严,用差生的刻板印象给学生下定论。

4. 呈现研究者和被研究者的视角

个案研究试图去理解研究对象所经历的复杂现象,换言之,研究者是通过研究对象的视角分析和解释现象的。在自然情境下的实地观察,与研究对象的非正式访谈是了解研究对象视角的必要步骤。同时,研究者还应保持现象调查者的视角,"后退半步",站在一定的理论基础和历史研究的基础上来观察、分析、解释、评价研究对象的经历。

个案研究中两种视角的呈现,使得研究过程和研究报告更加丰富、客观。在个案研究中,我们通常先描述、呈现从研究对象那里获得的数据、资料,然后再对这些数据进行分析解释。

第二节 教育个案研究的优势和局限

任何研究设计都有自己的优势和局限。我们在选择研究方法时,首先要考虑研究问题的性质和问题的内容;其次要考虑这种研究方法自身的优势和局限,并在具体的研究设计中规避这些弊端。

一、教育个案研究的优势

调查研究的优势是在大量、全面地占有资料的基础上,进行汇总分析,去粗取精,去伪存真,并以一定的理论或思想为指导,深入研究得出结论。教育叙事研究则重视教育事件的丰富性、形象性和复杂性,留意一些有意义的具体细节和情境,这种"深描"使叙事显得真实、可信而且富有"情趣"。实验研究的优势在于它通过对研究情境的严格控制、随机抽样和概率统计从理论上对现象进行预测。而个案研究是研究者以自己为研究工具对有边界的个案进行深入的探究,可以以个案调查、个案实验甚至以叙事方式开展,其优势有以下几点。

1. 对复杂教育现象的描摹和解释

由于个案研究的研究对象少,便于进行全面深入细致的分析研究,因此能够呈现教育事件中非显性的重要变量以及变量间相互作用情况,获得量化研究不易得到的内在情感、心理等资料,还原教育事件的发展、变化过程。在小学教育中,教师面对着不同的学生个体,他们的性格特征、家庭背景、学习习惯各不相同,教师很难简单地用学习成绩、学生能力等静态的数据来理解学生,因此个案研究为教师提供了一种动态的、互动的、完整的了解学生的方法,为因材施教的个别化教学提供了可能。

如在研究"新的阅读方法对学生语文阅读能力的影响"这一问题时,我们若要比较新阅读法使用前后学生语文阅读能力的变化,这一变化用量化数据表现更具有客观性和说服力。基于这一点,我们倾向于选择实验研究的方法。在新阅读法应用前后,用难度系数相同的试卷测试学生,并评价学生的作答反应,比较学生的语文阅读能力。但如果研究者对学生是否喜欢新阅读法或新的阅读法在学生阅读过程中如何发生作用更感兴趣,那么选择质性取向的个案研究的方法,对高中低三个不同能力段的学生进行观察和访谈,将更容易获得学生对新阅读法的更加真实和细腻的想法。

2. 影响和改善教育实践

基于个案研究在"对复杂教育现象的描摹和解释"方面的优势,个案研究往往比实验研究、历史研究等更适合应用于应用性研究领域。个案研究可以更好地呈现教育过程,展示教育政策是如何影响和改善实践的。[①] 考林斯和努布利特(Collins and Noblit,1978)这样表述个案研究(他们称之为田野研究)在政策研究应用中的优势:"田野研究所揭示的并非静态特征,而是对行动中的人以及他们在特定背景下如何互动的理解,这样对人们行为的推论就不像量化研究那样抽象,人们可以很好地理解接入性项目对特定情境下的行为的影响……"[②] 作为小学教师,虽然不参与制定国家甚至学校的教育政策,但在教育教学中,教育方法的使用、教学活动的安排、教学过程的优化,教师无时无刻不是在做教学决策。通过个案研究的方法,教师可以对教学决策在教育实际中的效用得到更加细腻、动态的反馈,从而根据反馈调整和改善教育教学实践。如上文中所提,教师可以根据学生个案对新阅读法的反馈进一步调整和改进阅读方法,提高学生的语文阅读能力。

二、个案研究的局限性及解决办法

个案研究在拥有独特优势的同时,也给它的应用带来一些局限性,这些局限性主要体现在研究的信度和效度方面。质化个案研究以研究者作为数据搜集和分析的主要工具,其过程缺乏严密性,容易受研究者主观偏见的影响。对于小学教师而言,一方面,他们每天大部分时间都跟孩子在一起,虽缺乏一定的观察和访谈训练,但只要用心

[①] [美]莎兰·B.麦瑞尔姆.质化方法在教育研究中的应用:个案研究的扩展[M].于泽元,译.重庆:重庆大学出版社,2008:20.

[②] Collins, T. s. and Noblit, G. W. , Stratification and Resegregation: The Case of Crossover High School[M]. Memphis, Tennessee. Memphis: Memphis State University, 1978.

观察和倾听,一定可以对孩子们有更深的了解和更全面的认知;另一方面,教师可以通过以下方法来增加研究的信度以避免个案研究局限性的干扰。

1. 三角验证

三角验证即运用多种资料搜集方法、多种数据来源、多个分析人员或多种理论来验证研究结果的过程。① 如某研究者对 A 生的学习态度进行调查,A 生自述其学习态度认真,学习成绩好。他的表述真实吗? 如果该生在关于学习态度的问卷调查或期末考试试卷中也表现出其认真的学习态度和良好的学习成绩,那么将进一步证明他的话的真实性。如果 A 生的同学、家长也对 A 生认真的学习态度表示认同的话,那么更将证明其真实性。反之,如果 A 生自述学习态度认真、学习成绩好,而同学老师并不认同,其学习成绩也的确不尽如人意。当三角验证结果出现不一致或矛盾时,其背后往往有我们值得注意的地方(学生欺骗是品行问题还是自我效能感低等),我们需要对互相矛盾的数据进行深入分析和解释,以保证研究信度。

2. 长期的观察

对研究对象进行长时间的重复观察能提高个案研究结果的信度。如同一个学生在不同年级的学习动机和学习态度会有所不同,其受到多种因素的影响。如果观察到三年级的 A 生学习成绩差是因为学习不努力造成的,但回溯 A 生一年级和二年级的学习经历,就会发现问题的答案并不简单。随着观察时间的增加,教师不断检验和修正对现象的理解,对现象的看法也由片面、简单到深入、完整。

3. 研究者的自我反思

反思又可以理解为"对解释的解释"。解释,通常是对已搜集资料的分析和说明;而反思则是对研究者的解释展开批评性的自我探察。② 在研究者的自我反思中,反思的重点由处理材料数据转向思考认知、理论、语言、政治、文化等得出解释的背景环境,研究者应不断质问自己"我为什么会做出这样的解释? 我这样的解释合理吗? ……"如课堂上有 A 生和 B 生同时在看漫画,教师对此做出截然相反的解释:A 生学习认真、成绩好,看漫画是为了放松身心;B 生学习成绩差,看漫画就是其学习不认真的表现。那么,我们发现两种不同解释的背后是教师以成绩的好坏看待学生的刻板印象。这些刻板印象、教育理念、文化背景等总是不自觉地影响到我们对现象的解释。因此我们必须时刻保持警醒,以获得的资料数据说话,不武断,不断反思和质问自己,以尽可能地保证研究的信度,减少偏误。

---

① Joyce P. Gall,M. D. Gall,Walter R. Borg.教育研究方法:实用指南[M].屈书杰,等译.北京:北京大学出版社,2007:305.

② [美]马茨·艾尔维森,等.质性研究的理论视角:一种反身性的方法论[M].陈仁仁,译.重庆:重庆大学出版社,2009:7.

第三节 教育个案研究的一般过程

质化教育个案研究因其关注具体情境下对个案整体深入的描摹,适合应用于改善教育教学的研究而被一线教师广泛应用。开展质性个案研究一般包括确定研究问题、选择研究对象、搜集数据资料、分析资料、撰写研究报告等基本程序。

一、确定研究问题

选择个案研究的方法,通常是因为个案研究具备其他研究方法所不具备的特点和优势。个案研究通过对具体情境微观层面进行深入细致的描摹和分析,再现事件参与者的内在情感和心理状态,呈现多个事件参与主体间的相互作用,还原事件发生的过程和特定的具体情境——关注研究深度,而非研究广度。选择个案研究的方法,首先要确定研究问题的性质是否与个案研究的优势相契合,即所研究的问题用个案研究法能否得到最大程度的厘清和解决。只有在详尽分析研究问题的基础上,才能更适切地选择个案研究法。

其次,研究问题的内容应以研究课题,即研究题目的形式明确地反映出来。研究题目应尽量包含研究对象、研究问题的内容和研究方法。如"小学学习困难学生转化的个案研究、改善小学语文阅读教学的个案研究、小学高年级语文批注式阅读教学的个案研究"等。

二、选择研究对象

个案研究一般采用目的抽样的方法选择个案。目的抽样是根据研究目的选择有可能为研究问题提供最大信息量的样本。研究者选取样本的关键在于其代表性,即样本能够最大程度提供与研究目的相关的丰富信息。迈克尔·巴顿(Michael Patton,2001)[①]曾列出15种目的抽样的策略,现只选择较为常用的几种策略供读者参考。

(1) 极端或偏差型个案抽样,即表现出高或低两个极端特点的个案;

(2) 强度抽样,表现的特征强度或高或低但不极端的个案;

(3) 典型个案抽样,具有一定代表性的个案;

(4) 分层抽样,表现出事先确定的不同层次特点的个案(可进行比较研究或综合研究);

---

① [美]约翰·W. 克里斯韦尔.质的研究及其设计:方法与选择[M].余东升,译.青岛:中国海洋出版社,2009:133.

(5) 关键个案抽样,对检验某个理论、项目或其他现象比较关键的个案;

(6) 以理论为基础的抽样,表现相互特定理论构念的个案;

(7) 方便抽样,只因为方便找到而选择的个案。

上述的抽样策略可以帮助研究者挑选出适切的个案样本。但在教育教学中,我们也会选择那些"别无选择"的个案,这种情况通常是我们跳过了研究问题,直接对某个个案感兴趣。例如,一位教师决定研究一个学习困难学生、研究者对一个班级所取得的巨大成功感兴趣。在这里,研究者所感兴趣的学生或班级就可以直接成为研究对象,而研究问题就是对研究对象的特质进行追踪或归因。

三、搜集数据资料

在质化个案研究中,数据是在研究场景中发现的普通信息片段。它包括直接引用的研究对象的经验、观点,对研究对象行为的直接描述,以及从各类文件中抽取出来的片段、引语或文章等。[1] 在开始搜集数据前,研究者应根据研究问题确定数据搜集计划。如在"小学低段学生词语理解困难的个案研究"中,我们应将搜集的数据重点集中在词语理解困难的表现、造成学生词语理解困难的原因(家庭环境、教学方法、学生自身特质)等方面。

针对研究对象进行个案研究,搜集的收据应尽可能全面。对于小学教师而言,研究对象以学生为主,数据资料的搜集主要包括以下三个方面:学生基本情况(姓名、年龄、性别、民族、所在学校和班级等)、学生身心发展状况(身体健康情况、个性心理特征、行为习惯、学习情况等)、学生家庭情况(父母的姓名、年龄、职业、文化程度、健康状况、家庭经济状况及居住环境、父母的教育方式、亲子关系、家庭中的重大生活事件等)。

在明确所要搜集的数据内容后,我们要根据数据来源确定不同的数据搜集方法。在质化个案研究中最常用的数据收集方法有以下几种。

1. 观察法

观察法是研究者直接进入研究现场,观察并记录研究对象的言行或研究现场物质文化情况,以此来搜集数据资料的方法。对研究对象的观察尽量保持纵向上记录的连续性,制订观察计划,不可半途而废;横向上要保证观察的全面性,包含不同的活动单元,如课堂学习、课间休息、小组讨论、社团活动等。对研究对象全面的观察可以增加研究者对研究问题的理解。

对于小学教师而言,系统的观察并不需要专门的设备,一个本子、一支笔足矣。

---

[1] Patton,M. Q.. Qualitative Evaluation Methods (2nd ed.)[M]. Thousand Oaks, Calif.: sage, 1990.

观察学生时,尽量让学生处于自然状态,不让他们发现观察者的观察;同时尽可能离学生近一些,这样可以清楚地记录他的言行。观察记录要确切记录观察的时间、地点,尽可能准确完整地呈现环境、事件以及当事人的反应和表情动态,还原情形的本来面目。

第五章已经详细介绍了观察法的使用,为了使读者对个案中的观察法有更深刻的认知,我们来看一下学者做的几则观察记录。

案例 8-1　观察记录示例[①]

河阳县地形地貌以山丘为主,梨树沟位于两座大山之间,共有住户 300 多家。虽然自 1978 年改革开放以来村民的生活有所好转,但和河阳县其他地方相比仍属中下等水平。村子里简陋的土房子拥簇在一起,形成一个东西走向的狭长地带。中间有一条泥土路穿过,路边可见散乱堆积着的泥土和垃圾。当我们的汽车从路上驶过时,路边蹲着的老头老太太们都抬起头看着我们,眼睛里透着好奇和惊讶。他们的衣服看上去都很陈旧,泛着多次水洗后留下的白色痕迹。

梨树沟中学位于村子东边的尽头。校舍是一栋两层的白色楼房,该楼房去年由世界银行贷款加上村民捐款修建而成,代替了以前破旧的危房。新校舍采光很好,屋子里光明透亮,但构造比较粗糙,墙壁粉刷得不平,窗户上没有纱窗。虽然我们采访时天气比较热,但也不能开窗,怕蚊子进来;我们从窗户里看到,有的学生坐在课桌旁看书,有的在老师的带领下高声朗读英文,纪律好像很不错。楼房的北面是一个泥土铺成的大操场,西北角的一小栋破旧平房是教师用餐的地方。厕所位于校舍的东边,仍是中国农村常用的茅坑:在地上挖一个坑,上面搭一块木板,坑里蛆虫涌动,臭气扑鼻。梨树沟中学共有教师 8 人,其中 3 人是民办教师。8 名教师中有 2 名女教师。老师的平均年龄是 30 岁。梨树沟中学有三个年级共三个班,121 名学生,其中女生 50 人。学生全部住在村里,中午回家吃饭,晚上回家睡觉,学校不负责他们的住宿。

这是一段关于辍学生王小刚的家乡、学校等"物质文化环境"的观察记录。它较为客观详细地描述了梨树沟村的地理位置、经济条件、文化环境,以及学校的教学设备、

[①] 陈向明.在行动中学作质的研究[M].北京:教育科学出版社,2003:321—336.案例 8-1、8-2、8-3 皆引自此书。

教师队伍、学生来源等。其中值得关注的是记录中的细节描写,细腻的细节中包含着丰富的直接或间接的信息,它们比空泛的表述更具力量,比如从村头老太太好奇惊讶的眼神里,我们就可以联想到村中少有外人来,文化环境相对闭塞;天气很热却未开窗的教室肯定闷热无比,空气酸臭,学习环境较为恶劣。这些细节看似可有可无,但却是"调查现场"中最重要的"蛛丝马迹",需要研究者有相当的敏感性。

> **案例 8-2 观察记录示例**
>
> 10点左右,王小刚和他的母亲来了(他的父亲外出为别人盖房子去了)。王小刚个子不高,瘦瘦的身躯上挂着一套肥大的西装,脚上蹬着一双厚厚的旅游鞋(我当时的第一想法是:这孩子穿着他爸的西装来了。后来问他,他说是他自己的,故意做得大一点,可以穿得久一些)。他的面部表情看起来比他同龄的孩子要成熟:长圆的双眼透着精明和一丝幽怨。当金校长告诉他"北京来的专家们想和你谈谈,了解你的一些情况"时,他立刻回答:"可以,没问题。"可是他带一点漠然的眼神和紧咬着的嘴角告诉我:这是一个精明、倔强,而且有主见的孩子。

观察不仅是人的视觉器官直接感知事物的过程,同时也是人的大脑积极思维的过程。它需要观察者边观察,边思考;既要完成现象的描述,又要完成对现象的感知和理解,深究、追问心中的每一丝疑惑,因为它很可能是解开研究问题的重要钥匙。在这一则观察记录中,括号里的内容即为观察者的思考和解释的内容,是作者对自己思考和追问的回答:王小刚为什么穿着与身材不相称的西装?故意做得大,可以穿得久一些。这反映的不是简单的穿衣问题,而是饱含着一个贫穷人家孩子的早熟、无奈与辛酸,而这可能又隐含着"王小刚不上学"的原因。一个出色的观察者要如"福尔摩斯"一般,既不能放过任何一条"蛛丝马迹",同时又要不断调动自己的思维,思考、质疑、发现。

2. 访谈法

质性访谈是一种研究性交谈,是一种有结构、有目的的会话。它不同于日常会话中自发观点的交流表达,而是通过谨慎提问和倾听的方法,探寻受访者的生活世界、观点态度,并做出意义解释的过程。它常常与观察相互勾连,互相补充,是个案研究中非常重要的资料搜集方法。

第五章对访谈法做了详细介绍,此处主要结合案例进行聚焦分析。案例8-3是研究者(我)对王小刚(他)辍学原因的一段访谈的转录,括号中的字为编者所加。本案例和前面两个案例一样出自《王小刚为什么不上学了》。

> **案例 8-3　访谈转录分析**
>
> 　　我:"当时因为什么事情不上学了?"(主问题)
> 　　他:"因为我们的老师……(省略号反映出王小刚说话的停顿、犹豫)我的成绩有点不太好,老师打得厉害……就不上了。"
> 　　我:"发生了什么事情?"(追问)
> 　　他:"有一天早晨早自习的时候,冷得厉害。我冷得不行,就跑到火炉旁烤火。老师看见了,说你怎么不好好背书,就打我。他后来出去了,我还不背,又去烤火。他进来打我。把我叫到办公室又打了。"
> 　　我:"怎么打的?"(追问)
> 　　他:"打耳光,打了好几个耳光。"
> 　　我:"打哪里?"(追问)
> 　　他:"脸上打。"
> 　　我:"你知道他为什么打你吗?"(追问)
> 　　他:"就是因为烤火……因为我不背,跑去烤火。"
> 　　我:"当时是怎么想的?"(追问)
> 　　他:"很生气……当时很气愤……打了我以后很丧气,好几天都很丧气。过了两三天以后我就不去学校了。"

在访谈中,我们追求的是深入、详细、生动和细致入微的回答。这就要求访谈者提问的问题简单明了,并且能被访谈对象所理解;通过再次追问弄清受访者模糊不清的回答;认真聆听受访者都说了什么以及如何表达,注意受访者在交流过程中的语调、停顿、叹气等表现,并做好记录。上面案例中的研究者在这几个方面做得都非常好,是研究新手学习的榜样。这些访谈的基本要求,需要我们通过参与实际研究、观察和模仿同行专家不断学习,逐渐习得并熟练运用。

3. 从文件中挖掘数据

文件是指与研究相关的一系列书面的、视觉的和物理的材料。它主要包括公共文件、个人文件和物理材料三种。公共文件是指公共性的官方政策或文件,如某一地区的教育投入预算、外来务工子女的入学政策、某地区对教师的基本工资水平的规定等。

个人文件是指对个体行为、经验和信念所进行的第一人称的描述,如日记、信件、相册、学生作业、考试试卷等。物理材料是指研究现场所发现的物理性存在物,包括工具、器具和日常生活用具等,如教室中的投影仪、电子白板、图书角中的图书等。①

与观察法和访谈法相比,文件搜集的优势有以下三点:第一,易获得,与使用其他方法获得相同数据相比,研究者需花费的时间和精力相对较少;第二,更稳定,文件资料是相对客观的数据源,研究者的参与并不会对已存在的文件产生什么影响;第三,更丰富,文件资料可以增加研究所需的环境的丰富性,帮助研究者更好地关注文件作者所处的环境。

但其也存在着不少局限:首先,它们是零散的,可能不适合研究者的研究框架;其次,有的文件资料的真实性难以辨认。因此研究者想要运用这些数据,必须对研究问题进行创造性的思考,寻找文件资料与研究问题的连接点。

对于一线教师而言,学生的周记、作文、作业等都是重要的文件资料。透过学生的周记、作文,教师能够大致了解学生的情感态度、心理变化等;透过学生的作业,教师能够清晰地了解学生的学习态度、学习习惯、知识掌握情况等。例如,下面的案例是通过学生的周记来分析学生的学习情况。②

> **案例 8-4 资料分析示例**
>
> 语文老师布置每周写两篇周记,要求他们留心观察生活,下面是学生小杨的周记。
>
> 2011年3月2日 星期五 晴
>
> 一大早,我先起床,刷牙,洗脸,吃过饭之后,背着书包上学,路上,人很多,到了教室后,老师让我们先背诵课文,再一个个检查,接着就是下课,上课,终于放学的铃声响了,我背着书包回家了。这就是我的一天。
>
> 分析:小杨的作文水平明显低于其他同学,错别字太多,作文没有条理和逻辑顺序,就像是记流水账。从作文中可以反映出小杨缺乏对日常生活的观察,不善于去发现生活中有价值的东西,似乎对写作文没有一个清晰的理解,文章似乎是对自己一天的琐事进行的记录。

---

① 参见[美]马茨·艾尔维森,等.质性研究的理论视角:一种反身性的方法论[M].陈仁仁,译.重庆:重庆大学出版社,2009:79—82.
② 作敏.小学学困生转化的个案研究[D].西安:陕西师范大学,2012.

教师在日常教育教学中要多留心学生的作业、作文等文件资料,为个案研究搜集数据,发现学生在情感、学习态度上的变化,因材施教,积极地引导和帮助学生。

四、分析资料,形成扎根理论

个案研究通过观察、访谈和相关文件获得了大量的数据资料,而这些材料是研究的基础。研究需要对材料进行整理、分析,从中提炼本土概念或归纳出论点,将实践提升为理论,输入学理,形成扎根理论。

1. 沉浸阅读,提炼本土概念

研究者通过观察法、访谈法、文件收集等获得大量第一手的个案资料。这时研究者要做的是从整体上把握材料。研究者要"反复地、完整地阅读文字整理稿,将自己沉浸在材料中,努力从整体上把握材料"。在材料的分析初期,在实地记录、整理文稿的边空处记下研究者的灵感、发现或思维的片段。它可以是一个短语、一段话,也可以是一个重要的观念或概念。而这一阶段所要完成的目标是逐渐形成"本土概念"。所谓的"本土概念"是指本地人所使用的某些具有影响力的词语,这些词语隐藏着当地人的"文化密码",牵引着当地人的真实生活。[①] 我们对个案进行观察、访谈及研究的过程,实际上是我们走进个案生活的过程,我们要试图寻找一种"概念""主题"或"结构"来牵引着我们走进个案。

王红艳在《新手教师在学校实践共同体中的学习》[②]中谈到一位新手教师摸索教学风格中用的标题是"麻辣烫"与"川菜"。这即是一对从对研究对象的访谈中提炼出的概念。

案例 8-5　本土概念示例

我就是那麻辣烫小贩,在五颜六色的串后面喋喋不休,好吃,好看,又便宜,小孩们喜欢;而任老师就是正宗的川菜,吸引人,颜色大红大绿,滋味不像麻辣烫那么直白,营养丰富,味道很厚,一看就是极品川菜,引经据典,帅死了!

这是新手老师在反思自己的个性与教学之间的关系时,以师傅(案例中的任老师)为摹本对自己的反思和观照。"麻辣烫"一词,平实直白,却隐藏着访谈者个体经验的隐喻:把菜的外观比作课堂的表面效果,口味比作学生的投入程度,营养则是教师、学科知识和学生三者之间的最佳结合并最终受益到学生身上。而麻辣烫的特点是口感

---

① 刘良华.教育研究方法专题与案例[M].上海:华东师范大学出版社,2007:183.
② 王红艳.新手教师在学校实践共同体中的学习[M].重庆:重庆大学出版社,2012:48

刺激、样子好看但实际不营养。有了像"麻辣烫"一样的本土概念,研究者对新手教师教学风格的提炼概括也马上鲜活起来。当然本土概念可能不止一个,在个案的不同主题中,本土概念也不同,研究者要多留心,加以选择和归纳。

2. 输入学理,形成扎根理论

这里的"学理"实际就是理论。胡适曾说过"学理是我们研究问题的一种工具。没有学理做工具,就如同王阳明对着竹子痴坐,妄想'格物',那是做不到的事。种种学说和主义,我们都应该研究。有了许多学理做材料,见了具体的问题,方才能寻出一个解决的方法[①]"。理论与实践从来不应是分离的,既需要格物又需要致知,没有格物,就不能获得新知;缺乏理论知识的引导,则容易陷入"格物"不知的泥潭。理论的价值在于为我们提供一种宏观理性的观察实践的视角,帮助我们更好地思考、看清实践发生了什么。

案例8-6呈现了分析资料时输入学理后的不同效果。

> **案例 8-6 学理分析示例**
>
> 在有关学困生的个案研究中,研究对象的"我没有家,没有爱我的爸爸、妈妈,总感觉别人比我幸福"这句话,我们可以简单地理解为其对家、对幸福的渴望。但当研究者引入马斯洛的需要层次理论加以分析后,便将这句话带入了一个新的高度,我们可以看到研究对象在归属感、安全感上的缺失,而这可能是他缺乏学习动机的原因之一。[②]

个案研究关注个体、实践,但当资料收集到一定程度后,必须引入理论去反思实践,为问题寻找解决方法,因此研究者需要有自己的理论。这套理论不是对知识的生搬硬套,而是在收集和分析资料的基础上归纳出相关的假设和推论,即"扎根理论"。所谓的"扎根"就是提醒研究者,理论应根植于前期的调查研究,从调查资料的收集和分析中升华得到。

3. 扎根理论的呈现方式

当我们通过研究、考证获得扎根理论后,该如何表述它呢？一般来说,呈现方式有以下三种。

第一种是情境型。这种写法是将个案调查中搜集到的资料按照其内在线索(时间

---

① 胡适.胡适文存(第一卷)[M].安徽:黄山书社,1996:253.
② 仵敏.小学学困生转化的个案研究[D].西安:陕西师范大学,2012.

顺序、事件发展顺序、逻辑顺序等)整理成有情节有深度的故事,给人以身临其境之感。其优点是用一个个引人入胜的小故事将扎根理论融入其中,读完之后,发人深思。其追求价值中立式的"述说",不议论或尽量克制议论,给理论的阐发留出空白,文章的价值和理论的深刻在读者的思考中得以最终完成。其缺点就是需要高水平的读者对文本进行解读,否则很可能与一般的文学小说无异,失去其价值。下面便是用纯叙事方式做的个案研究中的一部分。

> **案例 8-7　情境型呈现示例**
>
> 　　今天上午我在高一十八班上心理课,这也是我讲的"我的大学梦"这一主题的最后一节课。课上的第一个环节就是"写下你的理想"。这个小活动旨在帮助学生去发现自己内心中最真实的想法,同时也为下个环节——"我的理想我的大学"做一个铺垫。活动是这样进行的:先请学生写下三件自认为最重要的事情,然后再一件件地删去,剩下的最后一件,即为学生当前最重要的奋斗目标。
> 　　在与学生们交流自己的目标时,没有学生主动站起来。我随机叫了一位坐在第一排的女生。她戴着黑框眼镜,穿着这所学校特有的绿色军装式校服,看起来非常柔弱。
> 　　她听见我叫她,看上去非常惊讶,指着自己反问道"我吗"?
> 　　我点点头,"是的"。
> 　　她说话声音有点小,说道:"我先说说我是怎么写的吧,我写的第一个目标是我想把数学成绩再提高一点,第二个目标是我想要考上浙大,最后一个目标……是……我想在草坪里打一个滚。"
> 　　当听到她最后这句话时,我的心里咯噔一下。这时候,班里有些同学并没有听清,有些骚动。我为这位女生重复了一下,"她想在草坪里打一个滚"。
> 　　当回过头来再看她时,她仿佛有几分犹豫。我点点头示意她继续说下去,她咬着嘴唇,有些哽咽,眼睛里红红的。"当你说必须划掉其中一项时……我划掉了最后一项……"当她说完这句时,我已然看到了她眼睛里的泪水,"我说不下去了"。
> 　　"好,那你最后的选择是?"我怀着几分不安忐忑地问道。
> 　　"我最后保留了第一个……"①

---

① 案例引自华东师范大学 2014 级中国语言文学系学科教学(语文)教育硕士王紫婷的教育实习日记(未发表)。

从文章叙述来看,作者以一种近似白描的手法呈现了课堂中的一个小事件,没有议论,没有抒情,却自有力度。这位女学生划掉的"我想在草坪里打一个滚"是对教育的警醒。我们可以看到高考给学生带来的沉重压力,让我们反思如何帮助学生建立学习与心理健康之间的平衡。

第二种是类属型。所谓的类属型是将研究中获得的资料划分成不同的类别,每一个类别都赋予相应的教育主题,每一个主题下有相应的调查材料作为支撑论点的证据。仵敏在《小学学困生转化的个案研究》中对学生学习困难的成因做了如下分析。

> **案例8-8 类属型呈现示例**[①]
>
> (1) 归属感与安全感缺失。
>
> 人本主义心理学家马斯洛提出需要层次理论,依次为:生理的需要、安全的需要、爱和归属的需要、尊重的需要和自我实现的需要。当个体满足生理需要后,极度需要关注归属感与安全感的需要,只有这些都满足了,才能成为健全的人。小杨父母关系的不合,以及自己是独子的身份,父母素质不高等因素直接导致小杨对家的归属感和安全感的缺失。
>
> 小杨这样认为自己:
>
> "我没有家,没有爱我的爸爸、妈妈,总感觉别人比我幸福。"
>
> ……
>
> (2) 学习品质不良。
>
> 学习品质是学习者在以往学习过程中形成的比较稳定的心理品质。学习品质主要包括学习动力、学习毅力、学习效力三部分,三者相互影响,共同促进。良好的学习品质使学生长期保持一种良好的学习进取精神,使学生的潜在智力处于最佳的发挥水平,激发学生发展自己的学习能力,使学生通过学习逐步变成心理成熟发展、人格优化发展的人。小杨学习动力缺失、学习毅力不足,直接导致学习效果不佳。
>
> 我们主要从学习动力、学习毅力、学习效力三方面加以分析:
>
> 之所以说学习动力不足,是由于小杨……(原文略)

---

① 仵敏.小学学困生转化的个案研究[D].西安:陕西师范大学,2012.

> （3）性格孤僻。
>
> 性格对人而言具有稳定性，良好的性格为人的学习工作奠定基础。小杨的班主任给小杨的评价是：
>
> 小杨同学不愿意和他人交流，不喜欢融入集体生活……（原文略）
>
> （4）学习策略不当（略）。

从案例中我们可以看出，该研究是从材料中剖离出主题，归纳意义和经验的本质；由主题统领和驾驭材料，用材料充实和丰满主题，为论题提供证据。这种呈现方式的优点是"主题"清晰，将研究的结论、建议直接明确地告诉读者，减去了读者猜想、证实的过程，但也影响了读者独立思考的想象空间。同时报告的说理程度不易把握，若没有精彩的调查材料做支撑，则易使报告索然无味，降低读者的阅读兴趣。

第三种是情境型和类属型结合使用的方式。这种方式是对前两者的综合，在叙事方面保持了故事情节的完整性；在议论方面，每一个故事都有一个对应的教育主题并且通过一定的线索将其连贯起来，或夹叙夹议，或先叙后议，既有情境型的生动，又不失类属型的理性，为大多数研究者所使用。下面是《小学教师参与公开课压力问题的研究》[①]中教师参加公开课准备工作的描写，该研究便是用夹叙夹议的方式展开的。

> **案例 8-9　情境型和类属型结合使用示例**
>
> **自主备课——争分夺秒、全力以赴**
>
> 抽签过后，A 教师忙开了。
>
> 虽然 A 教师要抓紧备课，但还要进行正常的班级管理，并组织早读：她左手拿着作业本让学生改错，右手拿着笔批改，嘴里还读着词语，偶尔扫视全班，提醒学生大声朗读。
>
> 在准备公开课期间，像 A 教师这样"一脑多用"的现象屡见不鲜。教师既要备课，又要兼顾日常教学工作和班级管理，这对教师提出了很高的要求。但是在我们的访谈和观察中发现，很多教师往往会"抛下"正常的教学活动，"投靠"公开课，这在一定程度上，影响了正常的教学秩序。

---

① 案例引自华东师范大学 2014 级中国语言文学系学科教学（语文）教育硕士王紫婷等"挑战杯"大学生课外学术科技竞赛参赛作品（未发表）。

> 下课后，A 教师匆匆赶回办公室，开始查找资料，紧张备课。她坐在电脑前，戴着耳机，盯着屏幕，拿着鼠标，来回移动，浏览网上的视频、教案，在纸上记录一些可用信息，偶尔停下来，揉揉太阳穴。
>
> 而有着相同参赛经历的 B 教师在进行个人自主备课时，也十分专注。由于是省级的优质课，她更力求尽善尽美，做好最充分的准备：首先，B 教师选了一个平时不用的活动室，把自己锁起来，其他什么事都不管，专心准备教案。除此之外，她还叫了两个实习生坐在那里随时待命，为她服务。
>
> 在某些比赛中，参赛者不仅要准备讲公开课，还要准备其他评比资料，比如：A 教师参加比赛时，平日的教学成果也作为评比项目之一，所以她必须带上平日写的教案、学生的作业本、获得的荣誉证书等。教师为准备这些东西，也着实花费不少气力……

五、撰写研究报告

研究报告是对材料文本和研究者所发现的思想的重新整合。它应真实详尽地反映整个个案研究的过程，呈现个案情境。研究报告主要包括以下几个方面。[①]

1. 背景介绍

背景介绍包括问题的提出、研究的目的和意义。此部分应明确提出研究的现象和问题、研究的个人目的和公众目的、研究的理论意义与现实意义。如陈述某个现象并解释它何以促使研究者对这一论题产生疑惑或好奇心；通过这一论题的研究能够为相关专业提供哪些新知识或贡献；研究者将会获得哪些知识或经验等。

2. 文献综述

文献综述是对搜集到的全部文献进行综述，包括对已有研究论文及其出现的主题进行整理，对现有的主要研究结果加以总结，并陈述本研究与以往研究的不同之处（提出的问题、使用的理论、搜集的材料、研究方法等）。

3. 研究方法的选择和运用

这一部分包括：抽样的标准，即个案是如何选定的；研究者如何进入现场以及与被研究者建立和保持关系；资料搜集的方法；研究的实施过程（包括研究持续时间的长短，访谈、观察的时间表及频率等）。

---

① 参考胡中锋.教育科学研究方法[M].北京：清华大学出版社，2011：248.

4. 研究结果的呈现

研究结果的呈现是建立在对个案材料的整体把握、概括和分析基础上，是研究报告的主体部分，必须清晰详细。而质性个案研究的研究结果以扎根理论为主，具体参见上文扎根理论的呈现方式。

5. 结论及建议

这一部分是对个案研究的总结，从研究结果中推出最终的结论，并回顾和反思研究优势及局限性，对研究问题提出进一步的研究建议。

6. 参考文献及附录

列举参考文献须参照标准的格式。附录位于研究报告的最后，主要包括访谈提纲、观察笔记及其他无法全部呈现于报告主体部分的资料。

法布尔曾在《昆虫记》中用提灯的光亮比喻科学发现："他一点儿一点儿地察看小方砖，以此来探索各种事物构成的永无穷尽的马赛克铺层。灯头总是供油不足，玻璃灯罩的透明度又如此之差。不过没什么：提灯人没有做徒劳无益的事，他毕竟是走在别人前面，发现了庞大的未知体系中的一个点，并且把这发现指给了他人。"教育中的个案研究也如提灯一般，它的光芒微弱，甚至不能让我们看清整个教育，但是它照亮了一间教室、一堂课、一个学生。一个学生、一堂课、一间教室在教育中是微小的毫末，但却又是教育的全部。作为一名小学教师和准教师要善于运用个案研究方法，激活自己的或将来的教育工作，因材施教，为每一个学生点亮一盏灯。

知识要点

1. 教育个案研究的一般程序。
2. 教育个案研究报告的基本结构。

思考与练习

1. 试选择实习班级上的一个学习困难学生为研究对象，搜集资料并提炼分析本土概念。
2. 选择你感兴趣的研究问题或研究对象，完成一篇个案研究报告。

第九章 教育行动研究

学习目标

1. 了解教育行动研究的发展历程。
2. 明确教育行动研究的概念及基本特征。
3. 掌握教育行动研究实施的一般过程。
4. 理解教育行动研究背后所蕴含的"行动"精神。

本章简介

对教师而言,教育行动研究是一种反思性的教学方式和研究方式。教师通过一种理性的专业视角观察自己的教学实践活动,解决教育教学过程中面临的问题,从而实现对学校教育的理解和改良。本章侧重介绍教育行动研究的内涵、特征、发展历程及研究的一般过程,旨在帮助准教师和一线教育工作者形成对教育行动研究的一般认识,在学习及教育教学中实现"行动"与"研究"的并进、"实践"与"理论"的结合。

教育行动研究的本质在"行动",在其对实践的关注。在行动研究中,研究的起点是对自身实践的不满与反思,研究的对象是教育中自然状态下的学生和教育现象,研究的目的是解决问题、改善实践,研究的过程本身就是改善现实的实践过程。所有这些打破了研究者与实践者之间、理论与实践之间的界限,将"行动"和"研究"紧密结合在一起:一方面让研究者放下"架子",走向实践;另一方面也让教师获得提升,做对自己真正有用的研究。虽然行动研究采用的具体的研究方法与其他研究范式并无二致,但这种"接地气"的研究理念却越来越得到教育工作者的认同,日益成为小学教育教学中一种重要的研究范式。

第一节 教育行动研究的概念与特征

在传统观念中,人们认为"行动"与"研究"是两个不同范畴的概念:"行动"天然是由一线教师在日常教学实践中完成的,而"研究"则是受过系统专业训练的专家、学者及研究人员等完成的学术探索活动。但随着教育的不断发展,"行动"与"研究"和"理论"与"实践"之间的矛盾在教育现场中体现得越来越突出:首先,一线教师依靠教学经验的积累来解决教育问题的方式已经不能适应越来越复杂的教育情境;其次,教育专家在实验室中对教育问题的研究与教育现场中教育问题的出现,两者间存在着显著的时间差。一线教师如果"坐、等、靠"专家的研究成果,往往会错失教育的良机,影响学生的发展;最后,专家所研究的通常是普遍的教育规律和问题解决方案,而一线教师在不同的教育环境中,面对不同的学生个体,其面临的教育问题也具有显著的特殊性,因此普遍的教育规律在具有特殊性的教育个体上,并不能直接套用。

人们逐渐发现,上述矛盾的关节点在于教师与研究的分离,只有教师成为研究者,利用身处一线的优势条件,边"行动"边"研究",才能真正解决自己教育教学工作中遇到的问题。长期以来形成的教育科研是专家学者的"专利"、中小学教师的本分就是教学的观念逐渐解冻。教师成为研究者的口号不断深入人心。基于此,一种将"行动"和"研究"相结合的研究方法——教育行动研究便进入人们的视野。

一、教育行动研究的概念

关于行动研究的概念,一直众说纷纭。美国社会心理学家勒温(Kurt Lewin,1949)强调行动研究中实践与理论的结合,以及教育专家与教师的合作。他在《行动研究与少数民族问题》一文中指出,"没有无行动的研究,也没有无研究的行动""行动研究是将科学研究者与实际工作者之智慧与能力,结合在一件合作事业之上的方法"。凯米斯(S. Kemmis)则关注行动研究的目的性,即通过在实践中反思实践、理解实践、改进实践。他认为,"行动研究法是由实践工作者在社会情境下开展的自我反思的探究,目的是提高他们自己的实践、增强他们对这些实践的理解、创设施行这些实践所在的环境"。[1]《国际教育百科全书》给出的概念则相对综合:"教育行动研究是教育情境的参与者为提高对所从事的教育实践的理性认识,为加深对实践活动及其依赖的背景的理解所进行的反思研究。"[2]当我们对教育行动研究的几种不同认识进行比较归纳会发现,无论是哪种理解,他们都强调"行动"与"研究"结合,都强调实践者——教师对研究的参与,都强调研究的情境是具体的教育现实,其目的也是为了理解和改善教育实践。而这几点恰恰是教育行动研究界定中的关键要素。综合以上分析我们认为,教育行动研究是教育实践者在自然教育现实中为理解和改善教育实践而进行的反思性教育研究。

---

[1] Carr, W., Kemmis, S.. Becoming critical : education, knowledge and action research[M]. London:Routledge, 1986:164—165.

[2] Husen, T.. The international encyclopedia of education(2nd ed.)[M]. Oxford, Ergland:Pergamon,1994(1):42.

二、教育行动研究的特征

1. 教师作为研究主体

在行动研究中,研究的主体是教育、教学的行动者——教师。而校外专家、学者只是在幕后提供技术性和专题性的咨询和指导,或者说一线教师和校外专家的相处模式应向一种更民主的学习共同体靠近。在共同体内,个体之间的关系应是平等的,相互间的交流是真诚而且开放的,大家为小组的共同目标努力。教师对专家不应抱有"仰视"态度,更不应是校外专家的"传声筒"。行动研究的动力来自行动本身,即行动者——教师不满足于当下的教育实践,期望解决行动中存在的问题。教师在研究中应以自己的智慧来选择课题,指导行动。

2. 基于真实的教育情境

行动研究中的"行动"带着浓重的实践意味,其包含三层含义。

首先,行动研究的起点是真实的教育情境。行动研究的研究问题产生于教师的教育教学实践,是那些影响教师教育教学效率或影响教学目标达成的现实问题。其次,行动研究的研究过程发生在真实的教育情境中。行动研究中的研究不是抛开教育教学工作另起炉灶,行动研究的研究场也不是在实验室中,而是依托真实的教育情境,采用观察、访谈等方法,对自然状态下的学生和教育现象进行反思和研究。最后,行动研究的旨归是改善教育情境。行动研究的最终目的不是构建某种理论或预测事物未来发展方向,而是通过对教育现实的反思和理解,将研究结果应用于当下的教育情境中,改善教育教学。

需要注意的是,行动研究的过程,是解决问题的过程,研究的结果也就是问题的初步解决。此外,行动研究关注具体的现实的教育情境。行动研究的研究对象,通常以一校、一班、一学段为限,不具有普遍代表性。因此,行动研究的研究成果往往只能适用于特定的研究范围内。但不可否认的是,行动研究的研究报告或研究结果本身蕴含着重要的方法论意义。

3. 反思性实践循环

在许多研究形式中,我们在研究初期制订研究计划、搜集资料、分析资料、撰写研究报告、呈现研究结果,研究项目也就算完成了。但是行动研究却有几分不同。行动研究对实践的关注不是简单的事后思考,而是关注实践的整个反思过程,它是伴随着实践的发展而不断发展的。这个反思性的过程是由发现研究的兴趣点(问题)、观察研究对象并进行教学反思(反思)、制订研究计划并行动(行动)三部分组成。它们组成了一个闭合研究循环,从而使研究可以不断深化,继续下去。

同时,行动研究又是动态的。它允许在实际工作中对研究方案进行修改和完善,可以新增或取消子目标,甚至更改研究的课题,以适应不断变化的新情况、新问题。提倡针对某种不同的教育对象或现象采取相适应的改革研究手段,这一点对于在复杂教育实践中进行研究和工作是十分重要的。

第二节 教育行动研究的发展历程

行动研究最早诞生于社会活动领域。20世纪40年代,美国社会心理学家勒温(K. Lewin)将行动研究引入到两个研究中心(英国"人际关系"研究中心和麻省理工学院的"群体动力学研究中心")。这两个中心关注社会冲突,致力于构建"独立、平等与合作"的群体人际关系。其研究人员既是实践者——与黑人和犹太人合作,同时又是研究者——他们积极反思和调整自己的行动、境遇,勒温将这种结合了实际工作者智慧的研究称为"行动研究"。此后,勒温的同事和学生将行动研究继续推广。

1940年至1955年,哥伦比亚大学师范学院用行动研究的方法帮助中小学教师在他们的课堂教学中使用"合作学习策略",以此来改进课堂教学,自此行动研究进入教育领域。20世纪60年代中期,由于教育研究对实验室实验和统计显著性检验的重视,行动研究的科学性尤其是它的效度受到质疑。行动研究在美国逐渐衰落。

与此同时,1967年至1970年,英国成立了以斯腾豪斯(L. Stenhouse)为负责人的"人文课程研究"中心,着手英国的人文课程改革。在此期间,斯腾豪斯提出了"教师成为研究者"和"研究成为教学的基础"等口号,极大地复兴了教育行动研究。"教师成为研究者"也一度成为行动研究纲领。

由于斯腾豪斯等人对行动研究的大力倡导,美国开始重新认识行动研究的价值,1970年以后,教育行动研究重回美国。舍恩(D. A. Schon.)认为现实中的情境总是复杂的、独特的、价值冲突的,因此实践者不能指望用一成不变的专业知识来解决它,因此教师应成为一名"反思性实践者",在行动中尝试,直接针对问题进行思考、设计、规划和形成行动策略。他认为教师在教室里观察、反思自己的教学本身就是一种研究,研究不在别处,就在行动中。

20世纪80年代,教育行动研究的概念引入中国。由于教育行动研究在一定程度上解决了教育理论脱离教育实践的问题,并能激发教师的研究热情,促进教师专业发展,提高教师专业化水平,因此其在中国获得了较快发展。2012年,我国制定教师专业标准,在对教师的要求中明确提出"反思与发展"是教师专业能力的重要组成部分,指出教师要主动搜集分析相关信息,不断进行反思,改进教育教学工作;针对教育教学工作中的现实需要与问题,进行探索和研究;制定专业发展规划,积极参加专业培训,不断提高自身专业素质。

教育行动研究在快速发展的同时,也出现了诸多问题。部分研究者,特别是一些中小学教师认为,行动研究重在"行动",不需要理论概念,行动研究就是写教学日记、教育博客。教育行动研究在我国还属于起步阶段,还有很长的路要走,我们必须要把握教育行动研究区别于其他研究方法的特征,并在实践中严谨地实施应用。

第三节 教育行动研究与教师专业发展

教师是所有教育改革和教育政策的实施者,教师的综合素质很大程度上决定着教育的质量。而教师专业发展强调教师作为专业人员由不成熟到相对成熟的发展过程,包括教师教育情意的转变、知识的积累、技能的娴熟以及能力的提高。教育行动研究的实践特性以及对教师作为研究主体的倡导使教师日常教育教学实践专业化成为可能,使教师专业发展成为可能。

一、教育行动研究深化教师的专业发展意识

长期以来多数教师对本职工作缺乏专业感,缺乏以专业人员标准要求自己的方向感,有关教育行为的规范更多来自传统和上级,而开展行动研究为教师提供了更多自主发展的机会,教师由原来单纯的被动执行者,一定程度上转变为决策者和研究者。教师成为研究者,意味着在许多时候不让麻木控制自己,让心灵处在警觉状态,对习焉不察的日常教育教学给予持续的省思和改进。这种对自己教育教学实践的主动反思和客观分析的意识是教师获得专业发展的第一步,意识是行动的先行者,它支持着教师有效地应对实际工作中的挑战,以一种反思的方式,不断创新、探索问题、解决问题。

二、教育行动研究提高教师的专业知识与技能

一般而言,教师专业知识结构包括普通文化知识、专业学科知识、一般教学法知识、学科教学法知识和个人实践知识。[①] 相对而言,前几种知识是教师教育中所强调的,是可以通过知识教学获得的。个人实践知识却不同:它是教师在日积月累的教育教学实践中逐渐建立起来的。而个人实践知识对实践的依赖与行动研究的实践特性不谋而合。行动研究虽然不能帮助教师建立个人实践知识,但是行动研究通过结合实际教学情境的建构和反思,从而实现理论和实践的结合,建构出具有鲜明个性特征和

---

① 孙杰.行动研究与教师专业发展[J].教育研究与实验,2006(1):18—21.

实践特征的个人实践理论,完善教师专业所需要的知识结构。[①] 同时,教师通过行动研究探索和解决现实教育实践中所遇到的问题的过程,就是不断提高教师问题解决能力的过程,从而促进教师的专业发展和专业素养的提高。

三、教育行动研究提升教师的专业发展文化

教师专业发展文化是在教师专业发展过程中形成的,旨在促进教师专业发展行动的信念、价值体系、行为模式等多方面内容,主要表现为崇尚专业发展的价值取向,个体行为上善于反思学习,群体行为上乐于合作实践等。很多时候,教育行动研究不是一个教师孤立地闭门造车就能完成的。它通常需要多个教育者的合作,有时可能还需要学生、家长、学校领导等共同参与,这种在研究过程中建立起的交流网络有助于减少个体教师、教育管理者、教育专家在独自研究时所经历的孤独感。同事网络的建立以及交流模式的改善有助于教师间相互支持和信息共享,从而丰富了教师专业发展文化,提高了教师的职业幸福感,并给学生带来益处。

第四节　教育行动研究的一般过程

不同的研究者,对行动研究持有不同的理论假设和关注点,并形成了不同的行动研究过程模式。勒温作为行动研究的先驱,他用螺旋循环(spiral of cycles)来形容行动研究的一般过程,在这个过程中包括制订总体计划、执行计划、观察评价行动和改进计划、进入下一轮行动等四个环节。凯米斯在勒温的"螺旋循环"模式基础上稍加改造,形成了"计划——行动——观察——反思——再计划……"的"凯米斯程序"。[②] 沃尔特·R.博格将行动研究的过程分为七个步骤,分别是:(1)确定问题;(2)进行研究设计;(3)选择研究参与者;(4)搜集数据;(5)分析数据;(6)解释和应用研究结果;(7)报告研究结果。[③]

教育行动研究既是一种与教育实践相结合的研究方法,同时也是与教育教学密切结合的研究活动。它没有,也不可能有整齐划一的过程模式,但从已有的过程模式我们可以看出,计划——行动——反思是不可或缺的三个环节。问题的提出环节隐含在计划环节中,鉴于发现问题比解决问题更重要,以及对问题的初步归因可以帮助清晰

[①] 罗生全,敬仕勇.教师行动研究艺术[M].成都:西南交通大学出版社,2011:5.
[②] 郑金洲.行动研究:一种日益受到关注的研究方法[J].上海高教研究,1997(1):23-27.
[③] Joyce P. Gall,M.D. Gall,Walter R. Borg.教育研究方法:实用指南[M].屈书杰,等译.北京:北京大学出版社,2007:469.

地梳理研究问题,形成对问题的初步认识,为制订和实施行动研究计划奠定基础,因此,我们将教育行动研究的一般过程归纳为以下几个具体步骤。

一、确定研究问题

行动研究的研究问题与其他研究法所研究的问题有所不同:其他研究方法可以从理论或概念出发做实证研究、历史研究或思辨研究,而行动研究的研究问题则来源于教师自身的教育教学实践,应根植于现实的教育生活。随着课程改革的不断深入,教师的工作既处在日新月异的转型和变革中,又处于复杂而生动的教育情境中。教师既可以把追寻教育的理想与价值作为研究对象,也可以把解决现实的问题、难点、困惑作为研究对象;既可以把学生、教材、课堂作为研究对象,同时也可以把自己作为研究对象,发现自己的教育偏见,提升自己的教学能力。[1]

目前,我国一线教育科研水平还比较薄弱,因此有许多具有研究价值的待研究问题。问题在现实的教育教学活动中客观存在,而完成由问题到研究问题转化的关键是教师要具有问题意识和发现问题的策略,培养自己对问题的敏感和好奇心。为了让读者对行动研究研究问题的发现和确定有更感性的认识,下面呈现几则研究问题的发现过程。

> **案例 9-1　研究问题的发现发展过程示例**[2][3]
>
> **示例 1**:我在平时的教学和反思中发现当前的作文教学存在以下现象:第一,将无作有,编造事实。由近六成的学生编造过父母或亲属伤亡,捡到贵重物品等事件,将不是自己亲身经历的事,堂而皇之地冠以第一人称;不是自己亲眼看到的景物,大大方方地收入自己的视野;自己生活中根本不存在的人,无中生有地成为好友。第二,为作而作,虚情假意。近一半孩子厌恶上作文课,怕搞活动,怕过假期,其原因在于一课、一动、一度假都要交作文。孩子游玩时被习作纠缠,难以放开心怀,又缺乏真实感受,只得套写几句。有的孩子认为作文是给老师、家长和同学看的,不便写真话,因而"制造"了情感的波澜和起伏,在作文中说空话、说假话、说套话。第三,为考而作,急功近利。大部分孩子接到作文任务后的第一个念头就是怎样尽快写完整、写得长些、写得整洁些,练就了一套应试功夫,也就轻视了文章的内在质量。第四,对学生

---

[1] 郑慧琦,胡兴宏.教师成为研究者[M].上海:上海教育出版社,2004:22.
[2] 郑金洲.行动研究指导[M].北京:教育科学出版社,2004:50.
[3] 罗生全,敬仕勇.教师行动研究艺术[M].成都:西南交通大学出版社,2011:115.

> 作文的期望值过高,教师常常要求学生当堂完成,强调创作技法、字数等,导致一些孩子对作文课望而却步。孩子的习作应以其内蕴的纯真、童趣和鲜活为"本"。"本"是孩子习作的价值取向,与那些装腔作势、矫揉造作的作文截然不同。然而,相当一部分孩子的习作缺少的正是这种"本"汁"本"味……因此,我决定从研究"如何让小学生作文回归本体"这个题目入手,探索出作文教学回归本体的方法和策略。
>
> **示例 2**:今天,我在和学生交谈英语的学习方法时,无意间听到一些学生抱怨他们的英语词汇量有限,影响阅读理解和阅读速度。下课后,我采访了一些同学并请他们记泛读学习日记,了解学生对泛读课程和词汇学习的真实感受。……综合起来看,大部分学生知道泛读课中词汇的学习主要靠多读和自学,但有不少同学都反映不知道如何自学才比较有效。另外,从学生日志中发现很多学生也尝试采用不同的词汇学习策略,但都觉得效果不明显,对词汇策略的运用还没有明确的意识,没有找到规律,效率不高……所以我打算从"中学生英语词汇量和英语阅读能力的相关研究"这个问题入手,找出解决问题的办法,帮助学生发展词汇学习策略,提高学习的效率。

从以上这两位老师研究问题的生成过程来看,他们都是从各自的教学实际或真实的教学场景中发现问题:或来源于真实的课堂教学,或来源于与学生交流时的一句话或一个疑问。它们在教育中司空见惯、稍纵即逝,只有有心的教师才能抓住现象背后值得关注的问题。

需要注意的是,研究问题并不是确定后一成不变的。教育行动研究是一个不断发现、提出问题的过程,同时又是不断澄清问题的过程。研究者在确定问题后的尝试问题解决的过程中,将问题不断聚焦、定位;在已解决问题或未解决的问题中引出新问题,一个研究问题的终点成为下一个研究问题的起点,从而将行动研究不断引向深化,推动教育实践的发展。

二、问题归因

研究问题确定后,需要对所选问题的成因进行进一步剖析和梳理,以便提出有针对性的问题解决策略。当然对研究问题的归因分析与研究问题并不是截然分离的,研究者在提出问题时,总是不自觉地完成对研究问题经验性的归因分析。经验性归因分析是对研究问题进行归因分析的第一个来源。在上面确定研究问题的第一个案例中,研究者的研究问题呈现过程,就夹杂着不自觉地对研究问题的归因分析,提出了教学目标过高、教学设计不合理等多个原因。

当然除了教师根据教学经验和观察确定的归因分析来源外,研究者还可以通过教育理论反思研究问题,运用观察、访谈、问卷等方法调查研究现象产生的实际原因,具体的方式和获取途径详见表9-1[①]。

表 9-1 问题归因的三个来源

来源	方　　式	载　　体
经验	反思教育教学实践;与同行交流;请教有经验的教师,等	教学日记、教研组活动
理论	阅读文献资料考察已有研究成果;向专家学者请教,等	图书馆、阅览室、相关网站
调查	观察法、访谈法、问卷调查法,等	调查记录

在案例9-2中,该教师通过查阅资料,与同行、专家探讨,对学生注意力不集中的现象进行了理论的、经验的归因探讨,较为全面。不过如果能配合对学生的观察和访谈等实证调查将使归因分析更具信度。

案例 9-2　研究问题归因示例

"提高小学低段学生课堂注意力的行动研究"[②]问题归因

一、同事间的讨论

　　注意力不集中的学生一般具有以下特征:

　　1. 年龄较小,年龄特征决定了他们注意力容易分散,不集中。

　　2. 对学习不感兴趣,态度比较随便。

　　3. 对自己的学习没有信心,缺乏自信。

　　4. 对课堂上老师和同学讨论的问题不懂。

二、专家的看法

　　1. 小学低年级学生的注意力易受干扰,不易控制,上课注意转移与儿童自身发展规律和特征有关。

　　2. 教师没有很好地调节课堂气氛,没有根据小学生的心理特点来组织教学,从而导致学生对学习没有很高的积极性。

[①] 参考李臣之.教师做科研过程、方法与保障[M].深圳:海天出版社,2010:49.
[②] 汪利兵,等.教育行动研究:意义、制度与方法[M].杭州:浙江大学出版社,2003:307.

三、具体分析

注意分散与注意转移虽都是注意对象的转换,但性质不同。注意分散是在需要注意的情况下,注意离开了原来对象,失去了对应该指向和集中的注意对象的稳定性。低年级学生,注意力易受干扰,又不易控制,经常会分心,这与儿童自身的发展规律和特征有关。

1. 无意注意占主要地位

注意按产生和维持是否有自觉的意图和努力,可分为有意注意和无意注意。无意注意是指事先没有预定的目的,也不需要做意志努力的注意。小学生,特别是低年级学生,他们情绪易兴奋,注意力不稳定,有意注意正逐步发展,但无意注意仍起主要作用。教室外的嘈杂声,教室内眼花缭乱的环境布置,以及过分新奇、花哨的教师衣着等,都是学生分心的重要因素。

2. 具体、直观的事物在引起小学生的注意方面仍然起着很大作用

小学生,尤其是小学低年级学生抽象思维开始发展,而具体形象思维仍占有重要地位。因此,直观具体事物比较容易引起他们的注意,而抽象的概念或道理则相反。换言之,小学低年级学生一般不善于把注意集中在事物的主要本质属性上,而常常将注意分散到一些次要的非本质属性上,被一些不相干细节所吸引。

3. 小学生的注意常带有情绪色彩

情绪是人们对客观事物或对象需要是否得到满足而产生的态度体验。许多研究表明,积极的情绪能引起人的注意,消极的情绪则分散人的注意。在教学中,学生的注意会因情绪变化而变化,当教师上课不够精彩、上课内容太单调、教师的语言不生动,或教师常常挖苦和讽刺学生时,学生特别容易分心。

三、行动研究计划的拟订与实施

在确定研究问题以及对问题进行归因后,首要的工作就是拟订行动研究计划。行动研究计划,又称行动研究方案,是关于如何开展行动研究的具体设想,是行动研究之旅的"路线图"。它根据对研究问题的梳理和归因分析等对行动研究的研究方法、研究步骤以及大致的研究成果等进一步细化。一方面使得行动研究过程更加清晰,使抽象的研究变得更具体,有抓手,有利于提高研究效率,拓展研究深度;另一方面,研究计划

的作用还有些类似于课堂中的教学目标,它既规定着研究者努力的方向和预期结果,又督促研究者在过程中不断评估和反思研究行动,调节研究计划,以更好地完成行动研究。

一般而言,一个完整的研究计划或研究方案应包括以下五个因素(5W)。[①]

何人(who):即研究的参与者,由研究的目的、时间和能力决定。

何事(what):即研究者决定做什么、怎么做。

何时(when):即研究的时间长度和日程安排。

何地(where):即研究的社会和文化背景。

为何(why):为什么选择这种策略、方法以及该研究预期的研究成果。

具体的研究方案的设计和编写详见第二章"制订教育研究方案"。在这里需要注意的是,行动研究的研究方案相对于实验研究、历史研究等研究方法而言,具有较大的灵活性,研究者可以制订几个互补的研究方案,以方便行动中根据实际情况做出调整。同时,行动研究的研究方案要体现出行动与研究的统一:首先,教师要根据日常的教育教学制订研究计划,不能影响正常的教育教学工作,更不能抛开教学,一味埋头研究。其次,制订的研究计划应是自己可以做到的,应根据现实情况脚踏实地,不可好高骛远。最后教师自己的研究计划应与学校教学计划、学校要求相协调。

研究计划拟订后,终于迎来了行动研究的主体部分——"行动"环节,它既是将研究计划付诸实践,解决研究问题的实际操作过程,同时也是不断观察和反思的过程。在这一环节中教师既要考虑到行动的计划性,按照研究方案有组织、有计划地落实行动计划;同时又要注意到研究情境和研究对象的复杂性,即研究者应随着研究情境的变化、对研究问题的不断深化,以及行动过程中各种信息的及时反馈,吸收反馈信息,调整研究计划和行动进程。

在这一阶段,研究者还需要将具体的"行动"实施情况和"行动"的成效做好记录,并将行动中预期与非预期、积极与消极的状况如实呈现。为了能尽量全面客观地把握行动的全过程,应尽量多视角、多维度地搜集数据资料,包括撰写行动反思、与专家同行交流、记录行动过程中数据资料变化情况等。

实例9-3中这位教师的研究报告十分生动地展示了行动研究的过程及行动研究反思性实践循环的特点。在行动中,边研究、边观察、边反思,将一个看似简单的"课堂提问"问题做得十分"不简单"。这既解决了自己工作中的实际问题,又实现了自己对教学由感性经验到理性实证的转变,而这正是教育行动研究的意义所在。

---

① Joanne M. Arhar,Mary Louise Holly,Wendy C. Kasten.教师行动研究——教师发现之旅[M].黄宇,等译.北京:中国轻工业出版社,2002:111—113.

案例 9-3　行动研究报告示例

"农村小学中年级学生语文阅读中善于提问策略研究"[①]节选

善于提问,顾名思义就是能够提出高质量的问题。学生因为思维不够缜密,分析力不够强,问题自然无深度;因为学生好胜心强,为了博得老师的夸奖,自然明知故问、无病呻吟了。(研究问题的归因分析)如何引导呢？我设想了三种方法：① 找准提问的切入口;② 对学生的问题做比较;③ 倡导求真的学风。(初步的行动方案)

新学期又开学了。我怀着喜悦的心情走进教室。首先一番表扬,夸奖学生通过上学期的努力,会提问,敢提问了。同学们个个笑逐颜开。然后我指出存在于他们心中的小秘密：是否为了得到老师的表扬而明知故问呀？同学们面面相觑,片刻又羞愧而笑。我随即告诉学生,学习必须求真,来不得半点虚假,老师喜欢求真者。随着课的进行,我教给了学生寻找提问切入口的方法,并将学生的提问写在黑板上,分析比较学生问题的优劣,学生茫然。

哪能一口吃成个胖子,只用一节课的时间,学生当然不会。我心里思忖着。两天、三天、一周、两周,尽管自己费了九牛二虎之力,学生仍然找不准提问的切入口。提问质量几乎原地徘徊。这是为什么？是自己的假设错了吗？我反复思考着这两周来的每一堂课、每一次辅导,发现问题出在"切入口"上。学生读书边读边思,思考每遇障碍,便产生问题。而教师提出"切入口"之说,学生首先得找切入口,然后思考有无问题,如有,又该如何问？如此,本来对学生而言较为简单的事,经过老师的引导,反而变得复杂了,高质量的问题又如何能提出？(行动过程及研究反馈)

该如何调整研究计划呢？我却茫然起来。上网查资料,希望带来灵感,结果还是失望。正在我一筹莫展时,忽然想到了戈老师,是啊！为何不请教于她呢？戈老师一番分析之后就开出了良方：从提问的形式、内容、时间三方面去研究。啊！真是山重水复疑无路,柳暗花明又一村。(调整研究计划)

[①] 郑慧琦,胡兴宏.教师成为研究者[M].上海：上海教育出版社,2004：137.

首先研究提问的几种形式,并思考在阅读教学的不同阶段采用哪种形式为最佳等。根据平时的教学实践,我将提问形式分成两种:第一种,个体提问,即学生阅读课文后独立提出问题;第二种,集体提问,其程序为"个体准备→小组内交流、组内比较筛选后提出代表小组的问题→集体交流"。我又将阅读教学分成了三个阶段:初学阶段、细学阶段、小结阶段。那么,在阅读教学的不同阶段采用哪种形式为最佳?我选择了对比研究。

我选择了两篇内容深浅相近的课文:第五单元的《打猎》和《李寄斩蛇》做对比实验。第一篇以个体形式提问,观察记录在初学阶段、细学阶段、小结阶段学生所提的问题个数;第二篇提问形式改为集体提问,教师同样观察记录。结果如下:

	个体提问形式的数量	集体提问形式的数量
初学阶段	13	5
细学阶段	10	5
小结阶段	4	4
问题价值	参差不齐	高

由上述数据我得出如下结论。

(1) 课始阶段和课中阶段,两种提问形式产生的问题数量差异显著,第二种形式问题少,但有价值。

(2) 小结阶段,两种形式差异不显著。

我做出以下分析。

(1) 开始阶段,由于刚学课文,学生对内容认识肤浅,容易产生问题,所以个体问题比较多。经过小组交流,他们筛选了一些没有价值的问题,问题变得少而精。个体通过小组交流也领悟到什么是有价值的问题,什么是没有价值的问题。这样的形式也为课堂教学赢得了宝贵的时间,提高了效率。

(2) 随着教学的深入,浅显问题得到解决,新的问题不断产生,个体问题仍较多,所以两种提问形式仍存在差异。

(3) 小结阶段,课内问题基本解决,部分学生会提一些涉及课外的问题,当然涉及课内的也有。由于个体问题少,两种提问方式差异不大。(研究深化及归因分析)

> 由此,我制定了如下教学策略。
> (1)课始阶段应组织学生自读全文,独立质疑,然后小组内交流,筛选出代表小组意见的问题,最后全班交流、梳理、筛选出一个或两个能引领全文教学的中心问题。
> (2)课中学习阶段,针对文章关键点同时又是疑难点,教师要引导学生质疑,形式同样先个体,后小组,最后集体交流。对于非关键点却是疑难点,教师以随机质疑形式为主。
> (3)课末小结阶段,以个体质疑形式为主。(制订并实施新的行动方案)
> 在以后的教学中,我发现这些策略是行之有效的。但同时也发现,对于浅显的、疑点不多的文章,课始和课中阶段以个体直接提问为佳,这样反而节省课堂教学时间,提高教学效率。因此,教师应视课文内容的深浅、疑点的多寡、学生的质疑能力强弱而选用不同的策略。(评估研究成效)
> 反思一个半月的研究,我首先提出了三个假设,但其中一个重要假设经实践证明是错误的,使研究遭到挫折。后来我及时调整方案,研究得以继续,并有收获。(反思研究过程)
> 在提问形式的研究有了初步成果后,我又研究起提问的时间和内容……(发现新问题,进入新一轮行动研究)[①]

四、评估与反思

评估是对行动过程和行动有效性的评价,它基于行动实施环节的数据搜集、分析和解释,即从研究所得到的数据来看,行动在多大程度上解决了现实问题、改进了教育实践。加里·安德森(Gary Anderson)和凯瑟琳·赫尔(Kathryn Herr)提出了评价行动研究的五个效度标准。[②]

1. 结果效度

结果效度指的是采取的行动在多大程度上解决了研究所要解决的问题,它反映的是行动研究在多大程度上达到了它的目的。

[①] 注:该研究是农村小学中年级阅读教学中发展学生问题意识的研究中的第二部分,第一部分为敢于提问策略研究。案例中括号内文字为编者所写。

[②] Anderson,G. L., Herr,K.. The new paradigm wars: Is there room for rigorous practitioner knowledge in schools and universities? [J]Educational Researcher,1999,28(5):12,40.

2. 程序效度

程序效度指的是行动研究的各个阶段所使用程序的适宜性。三角验证(包括运用多种视角思考问题,采用多种证据搜集方法来观察行动过程和结果)有助于提高行动的程序效度。

3. 民主效度

民主效度指的是行动研究在多大程度上与和研究有利害关系的各方合作进行。民主效度还与这些人的不同视角和物质利益是否被考虑进去有关,在这里,民主效度是一个社会道德和社会公正问题。如某绘画教师为解决绘画作业画面单调的问题,为学生提供大量的绘画素材和优秀作业供学生参考,可是部分学生家长认为这种方式限制了学生的想象力,不利于学生发展。

4. 催化效度

催化效度指的是行动研究在多大程度上重新定位、关注和激励研究者,使他们对自己的实践有一份新的认识。研究者通过写研究日志来记录他们的反思和观点的转变,这种方式有助于提高研究的催化效度。这一效度反映了教师在多大程度上积极寻求摆脱日复一日的重复劳动,开始以新的视角反思改进自己的教学。

5. 对话效度

对话效度反映的是研究者就研究结果的形成及对研究结果的解释,在多大程度上与同事、教育专家进行了信息交流和评议。这要求教师在完成各自的行动研究时,应积极地与同事、专家进行小组讨论和交流。这种持续性的对话有助于他们确定、实施、调整和监督各自的研究。

这些效度标准反映了行动研究可信性和可靠性的不同方面。教师可以根据这些效度评估自己及他人的行动研究,当然研究者也可以有所侧重地选择和适应这些效度标准。

反思是回顾实践过程并对自己工作的意义、价值和影响进行思索以及与他人交流意见的过程。从广义上看,行动研究提倡研究者在整个研究过程中都进行反思;从狭义上看,反思位于行动之后,是行动研究一个循环的结束,同时也是下一个循环的开始。在反思环节应注意以下几个原则。[①]

第一,以研究问题为基点,以改进实践为归宿。行动研究以教育中的实际问题为起点,以改进实践为主要目的。教师需要针对原初问题具体地展开反思:我是否解决了原初问题?在多大程度上解决了原初问题?还有哪些问题需要在下一步的计划中得到解决等。

---

① 郑金洲,等.行动研究指导[M].北京:教育科学出版社,2004:118.

第二,以研究计划为参照。教师的行动和研究是在研究计划的指导下进行的,教师需要反思研究计划的合理性,并分析如何改进:现有的行动结果是否与研究计划相关?在多大程度上相关?研究计划、措施的优点有哪些?其缺点在下一轮计划中应如何改进?

第三,以教师行动为对象。教师是行动研究的主体,教师作为研究者,应坦诚面对在行动中的困惑和行动的消极结果,对行动做真诚、理性的剖析。

评估和反思不是截然分离的,两者是紧密联系的。教师可以结合在评估中提到的五个效度标准来反思自己的研究。同时教育行动研究的各个步骤也不是截然分离的,它们整体上存在顺序性,但每一个步骤又可以互相穿插。比如研究问题的确定是研究的起点,又伴随着研究的深入而得到澄清,它嵌在归因分析、制订研究方案和行动实施等环节中。评估和反思同样是伴随着行动研究的整个过程,让教师成为"反思性实践家"是教育行动研究的旨归。同时评估与反思中发现的新问题又是下一轮教育行动研究的开始。

教师行动研究与教育专家的研究虽然都被称为"研究",但旨趣却大不相同。教育专家的研究旨在发现教育的一般规律,建构和完善教育理论体系;中小学教师进行教育研究当然也期望发现规律、获得教育科学研究成果,但更多的是期望通过对实践的关注,解决现实问题,加深对教育的理解。教师通过发现和探索问题,不断保持对教育教学工作的兴奋与敏感,提升自己的工作能力和教学水平,成为一个有教育理想、有较高专业能力的教育工作者。因此在明确教育研究,特别是教育行动研究的意旨后,各位就读小学教育专业的准教师和一线教师们当戒除对"做研究"的恐惧之心,更加积极地走向行动,走向实践,让行动研究成为自身学习和专业发展的动力。

知识要点

1. 教育行动研究的概念和特征。
2. 教育行动研究对教师专业发展的意义。
3. 教育行动研究的一般过程。

思考与练习

1. 在教育实习中,你是否也发现了一些教育问题?想一想,这些问题是否可以用行动研究法来解决呢?试对这些问题进行归因分析。
2. 结合以上的归因分析,制订具体的行动研究方案。

第十章　教育研究结果的表述与推广

学习目标

1. 明确表述小学教育研究结果的一般步骤和基本原则。
2. 学习根据不同需要选择表述方式的方法。
3. 运用评价知识促进研究成果的进一步推广。

本章简介

表述教育研究结果有诸多方式,包括文字、图表、视频等。针对小学教育日常研究中的使用需要,本章列举了常用的几种研究结果的呈现方式,并结合案例简要说明研究结果表述的一般步骤和基本要求,为小学教育专业学生和一线教师完成教育研究工作提供借鉴。本章的目的在于提高学习者对研究结果分类和意义的了解,掌握评价的基本知识,能对自己和他人的教育研究结果进行初步的评价,以促进优秀教育研究成果在更广范围内的传播和交流。

一项好的教育研究,从选题开始就要注意可行性和独创性,在操作过程中要按照计划灵活而科学地进行,最后还要在研究完成后对结果进行有效的梳理,得出正确的结论,才能被其他人所认可和接受。教育研究结果的表述是在进行教育研究的基础之上,采用科学的方法,按照较为严格的标准和要求,将研究的过程与结果记录下来,得出研究结论,并形成系统材料的过程。在整个教育研究工作中,教育研究结果的呈现是其中一个重要的组成部分。

第一节　教育研究结果表述的意义

一、有利于记录研究过程

研究方案一般写在研究开始之前,主要是为了计划和安排即将开展的研究过程,是事前对如何推进计划进行的周全考虑;而研究结果的表述一般是放在研究结束之后,是对研究工作结束后的一个整理和总结,并根据(数据)分析的结果及时得出结论,内容包括研究做了什么、怎么做的、结果如何这几个方面。如果没有最后表述结果的这个过程，那么研究就不能算是完整地结束，研究中得出的数据也只是零散的、没有思想和生命力的数据群，这样的研究仍停留在零散的、浅显的、私密的水平，是"有头无尾"或者"虎头蛇尾"的。而研究者如果有意识地对研究结果进行梳理，在科学理论引领之下系统、深刻、公开地对研究工作进行整理和分解，就能把直觉观察阶段对活动的直接描述，进展到探索原因与发展阶段，提炼、生成可用的教学建议；把在研究过程中出现的失误和问题、研究中的精髓之处进行归纳总结，进一步提高自身的研究水平和能力。而通过这样不断地反思，把实践所得落实到书面上，个体的逻辑思维和辩证思维也能获得进一步的发展，进而提升自我的整体素质。

二、有利于反思教学工作

小学教师的日常工作包括教学工作和管理工作。教学工作除了教学设计外，还包括对校本课程的设计和规划。管理工作则主要是指教师从事班主任工作，在日常管理中与学生、家长、其他任课教师间进行互动。教育研究的问题来源于自然状态下的教育教学实践工作，其研究的目的也是为了解决实际问题。小学教师和师范生在参与研究的过程中，将阶段性的教学实践工作和连续性的评价反思相结合，边研究边行动。

呈现研究结果不是一个随意的过程，需要研究者对数据和资料进行缜密地分析，用批判、发展的眼光从纷繁复杂的材料中提炼出与研究相关的观点，是观察行为的锻炼。写作有利于思考问题和解决问题，而通过吸收借鉴同行和专家提出的建议，不断整理、修改和完善，研究者本人的理论思维能力、创造能力、评价分析能力和组织科研的能力等都会得到锻炼和提高。

新时代呼唤有反思能力的新型教师，通过教研可使教师完成从浅显的日常工作到系统梳理下的转变：不盲从、不跟风，不过度依赖日常教学、不囿于常规的经验，充分意识到教学实践的变动性，借助科学研究和理性思维打破经验主义的怪圈。小学教师作为一种具有一定技术性的职业，更需要将教育研究作为自身不断发展的"源头活水"，这是一种专业化的职业态度。

三、有利于推广研究结果

教师的教学工作不是个体的行为，往往是处于一个集体之中，通过自己的行为深刻感染着其他教师，也从中收获经验。特别是对于新手教师来说，都是从学习其他优秀教师的经验成长起来的。教师在自主研究的基础上，形成互动式教研的发展模式，总结出了"校本教研"和"案例研究"等特色方法，重新构建了教师专业发展的评价体系，充分体现了现代教育开放性和人本性的特征。而从"学者"到"思想者"再到"实践者"，教师角色在不断地发生改变，外延不断扩展，内涵不断加深。

"同伴—合作"模式催生了科研教师队伍建设,通过教师的群体研究行为,加强了教师、专家、学校管理者和地方教育部门之间的协作关系;通过教师自评和同行、专家他评,加强了整个教师队伍各个层次的参与与互动,实现了评价内容的多维化和评价主体的多元化。通过教育研究结果的表述,单个个体的研究行为可以转变为群体共享的材料,在更广领域内进行交流和传播,带领更多个体参与到对共同教育问题的讨论中去。研究产生的理论和实践建议将为解决教学中普遍存在的问题提供思路,并推动改革的进一步发展。

第二节　教育研究结果表述的类型

一般根据研究所采用的方法和所研究内容的不同,可将教育研究结果分为理论研究结果、教育研究报告和综合研究结果。前两种类型的研究结果表述方式应用面比较广泛,在这里进行主要介绍。

一、理论研究结果

理论性的研究结果主要指教育科研论文,是研究者通过对教育问题、教育现象的分析和探讨,得出一种新的观点或者采用新方法而获得的理论成果。与研究报告相比,教育研究论文一般不包括众所周知的内容和详细的研究过程,而是对结果进行集中的、有创建性的论述,比较重视逻辑上的周密性和层次性的论证。

教育研究论文包括各种类型的学术论文和学位论文,其内容一般包括:前置部分、主体部分和附录部分。下面将分别简要说明学术论文和学位论文的构成。

1. 学术论文

学术论文是指"某一学术课题在实验性、理论性或预测性上具有的新的科学研究成果或创新见解和知识的科学记录,或是某种已知原理应用于实际中取得新进展的科学总结。用以提供学术会议上宣读、交流、讨论或学术刊物上发表,或用作其他用途的书面文件"[1]。

(1) 标题。

标题应准确说明研究的内容,字数控制在20字以内。学术论文的标题应该符合三个标准:一是简洁明了,概括性强,以简短的文字揭示研究目的、主题和范围。二是文字简练,富有创新性。三是便于编制题录、索引和检索。

(2) 署名。

署名应显示本研究的主要作者,一般按贡献大小排列。要求包括作者的真实姓名

---

[1] 潘忠党.独立思考与真诚对话——学术论文写作的几点感悟[J].新闻记者,2014(9):13—23.

（或课题组的名称）、作者的工作单位和邮编。

（3）摘要。

摘要是对整个研究内容的梗概，即用简练的语言概括研究的问题、目的、对象、方法和结论。摘要主要以第三人称从客观角度陈述研究的必要信息，不涉及主体态度。字数在 200～300 字左右为宜。

（4）关键词。

选取 3～5 个词语来代表文章的核心概念。方便计算机分类录入和读者进行查找。

（5）前言。

前言也称为绪论，主要任务是提出论文的中心议题。包括已有研究的支持和国内外研究的现状、本研究问题的缘起、研究的目的与意义、本研究的新观点，并简要介绍研究的方法和过程。

（6）正文。

正文是研究论文的主体部分，包括论点、论据和论证三方面的内容。学术论文的突出特点是学术性，因此在行文过程中要注意逻辑性和层次性。

按照各部分内容的要求，可以划分为各级标题，各层级之间有一定的顺序。用简练的语言概括出各部分的内容，这是文章的一级标题；对每个大标题下的段落分别进行概括，配以低一级的标题，这是二级标题；这样一层一层划分下来，文章的各层意思就能用层级不同的标题很好地进行标记，每个小标题都是论点的论据。① 此外，为使分析更加简明有效，论文常使用各种图表，使用时也有一定的规范。要求一篇文章中的图表前后格式要一致，以将图表内容与正文相区分，因此图表内容的文字部分需要换一种字体，缩小字号；图表名称要根据内容来确定，按照编号在图下方居中位置标注图名（要反映出图表的内容），或是将标题和编号置于表格上方居中位置。

正文的末尾需要对前面的论证进行收束，即总结归纳出中心论点，一般是对前文的结论、建议或是启示。既可以是对之前论点的深化，也可以是根据中心论点的问题提出有针对性的建议。注意语言要严谨，观点要合理。

（7）注释和参考文献。

参考文献是作者写作时所参考的文献书目，一般集中列于文末。注释是对论著正文中某一特定内容的进一步解释或补充说明，一般以脚注形式出现，或者文末参考文献之前。参考文献和注释对于一篇科研论文具有重要的意义。虽然并非每篇论文一定要有参考文献和注释，但完整、规范的参考文献和注释，能使论文显得更具有科学性、客观性，为论文增添可信度，也有助于他人参阅、学习。清华大学中国学术期刊（光

---

① 详见附录一"学术论文中常使用的两种标题层级"。

盘版)杂志社制定了一套技术规范——《中国学术期刊(光盘版)检索与评价数据规范》,对检索与评价数据主要项目(包括参考文献和注释)的名称、代码、标识和编排格式等提出了一些建议。详见附录二,供读者写作参考。

2. 学位论文

按照中华人民共和国国家标准 GB 7713—87 学位论文编写格式中的规定,学位论文是指"表明作者从事科学研究取得创造性的结果或有了新的见解,并以此为内容撰写而成、作为提出申请授予相应的学位时评审用的学术论文"。学位论文根据申请学位的不同,可分为学士论文、硕士论文和博士论文。学士学位论文一般是考察本科学历申请者基本的研究能力,是否具备阐述结果的基本技巧;硕士学位论文专业性要求更高一些,是在导师指导下完成的独立性专题成果;博士学位论文难度更大。由于学位论文是申请学位、阐明阶段成果的重要依据,所以在格式要求上更为规范。

学位论文一般格式包括论文题目、摘要与关键词、前言、正文、注释与参考资料、附录,相关要求跟前面学术论文部分基本一致,因此这里不再展开。但要注意,在撰写学位论文的主体部分时,需要严格按照(所在院校)学位论文的格式要求,严谨地、有创造性地阐述自己的研究成果。在附录部分,研究者可以将关涉研究的重要材料或不便在正文中详细陈列的内容,如访谈提纲、问卷样例、研究对象日记或研究现场照片等附上,以供读者参考。另外,学位论文与学术论文有明显区别的地方在于,学位论文必须有封面、扉页、目录,最后还要有"致谢"部分。

(1) 封面。

封面是指各类别学位论文装订成册后所设置的外皮,主要是标识论文的基本信息和起保护作用。封面主要包括以下信息:

中图分类号。多标注于封面左上角的位置,标注时请参照《中国图书资料分类法》。在分类号的正下方可按照各学校要求标注《国际十进分类法 UDC》中的类号。

密级。按照国家有关保密规定,学位论文需在封面的右上角标出密级,一般学位论文的密级标注为公开。

编号。将单位代码标注于右上角"密级"下。

单位名称和学位论文等级。如将"华东师范大学""硕士学位论文"这两项内容以较大字号(一般在封面所有文字中字号最大)在封面的中偏上位置进行标注。

论文标题。一般以次大字号标注于封面中间位置。标题的具体要求和学术论文一致。若需提供同名英文标题,则把中文的论文题目译成英文即可。在英文标题中,除了介词和非标题首词的冠词(the,a,an)的第一个字母用小写以外,其余单词的首字母均应全部大写。

责任者信息。责任者信息包括学位申请人姓名、申请学位类别、申请人所学专业和导师姓名等。

（2）扉页。

扉页一般置于封面之后，起到再次标识基本信息和保护、美观的作用。学位论文的扉页与封面排版相同。

扉页之后紧跟一页是独创声明和学位论文版权使用授权书。一般学校和单位都要求作者填写相应的声明和授权书，以确认学位论文撰写的原创性和对外发布的权利。

（3）目录。

与学术论文不同，学位论文要写出目录、标明页码。目录一般放在论文摘要和关键词的后面，但各所学校和研究机构可能会有不同的要求，亦可以放在摘要前面。目录既是论文的提纲，又是论文的子标题，更是导师与答辩委员查看论文的起点。字句术语的表述要准确，坚持语句之间的逻辑一以贯之。一般来说，目录应列出一级与二级目录，假设确有必要，可以列出第三级目录。如果论文中图表较多，图表清单可单列在目录中，说明图和表的序号和页码。电子版论文中的全部目录项，必须设置自动跳转功能，即自动生成目录模式，以便评定老师查阅。

（4）致谢。

学位论文最后要有专门的致谢部分，这可以说是学位论文中唯一可以自由发挥的部分，甚至也是可以抒发个人情感的部分，最重要的一点就是真诚，实实在在，有真情实感。写致谢的过程，也是研究者自己的一种身心成长梳理的过程、一个几年来学习工作回顾的过程。致谢可以对每个参与者和提供帮助与支持的人表示肯定与感谢。一般对致谢没有字数限制，但如果对一篇学位论文来说，最重要的还是学术部分，所以不能喧宾夺主，而要恰到好处。

二、教育研究报告

教育研究报告是描述教育研究工作的结果或进展的文件，主要目的是为了报告研究的过程、记录研究数据、分析研究结果。其主要以图表、数据等事实材料作为佐证的依据。教育研究报告具体又可以分为教育调查报告、教育实验报告和经验总结报告等。总的来说，教育研究结果的表述与研究计划具有某种程度上的共同之处，在撰写过程中也要参考研究前的计划而考究其是否得到落实。其一般结构包括前言、正文、结论、注释和参考文献。

1. 教育调查报告

教育调查报告具有教育研究报告的共性，也具有自己的独特之处。

（1）导言。

导言应开门见山地说明研究的基础和相关问题，应具有针对性。

首先,要说明选题的原因和意义。其次,要提出本研究的观点和目标,界定主要的概念和术语。第三,简要阐述目前国内外的研究现状。不必像单独的文献综述一样详细阐述,只需简要列举几条有代表性的作品,重点要放在已有研究的不足、本研究的创新之处等几个方面。

(2) 调查的过程。

调查的过程即回答"做什么"和"怎么做"的问题,应具有全面性。

各类研究报告的基本结构大体相似,只是在具体描述时的侧重点有所不同。调查报告在正文部分需要重点交代调查时使用的抽样方法和测量工具,如何确定本研究的对象,使用了什么样的抽样方法,选择样本的依据是什么。研究方法要详细陈述,具体材料可放在报告最后的附录里。

(3) 讨论调查结果。

调查结果即对调查数据、研究结果的描述,要有客观性。

研究者对调查所得资料进行分析整理时,要有一定的思路。可以按照之前设计好的调查主题的逻辑,以调查结果呈现的先后顺序进行整理、分析;也可以按照调查对象发生变化的时间和过程进行分析;或者二者结合,进行对比分析。比如,要对小学语文教师教材观的现状进行调查,可以围绕教师的教材本质观、教材目标观、教材内容观、教材结构观和教材使用观这五个调查维度开展问卷调查,基于数据的统计与分析得出小学语文教师教材观的现状。并根据调查结果,开展下一步的研究,即分析小学语文教师教材观的问题及成因,其间,可以引用访谈对象的原话,佐证和深化研究者自己的分析。

(4) 得出结论。

简要概括研究的基本观点,得出结论。结论要有针对性。

一份完整的研究报告,不能仅仅是数据的罗列而没有定论,也不能通篇都是理论,而没有自己的观点和见解。研究者要勇于"结束"自己的研究,以调查的结果为依据,针对自己的研究情况提出理论上的创新或者实践上的改进建议,并学会吸取经验开展新的研究。

(5) 注释、参考文献和附录。

教育研究报告的标题、摘要、关键词、正文中各层标题的使用、参考文献的格式与教育研究论文的基本格式要求一致。附录放在报告的注释和参考文献之后。为保证论文的可读性,将不方便全部展示的研究工具和手段放在附录里,比如调查的问卷示例、访谈提纲等,这些材料对于解释研究、为研究提供证据、为他人查阅研究过程等十分有用。

2. 教育实验报告

教育实验报告与教育调查报告的主要不同在于报告的主体部分——对研究过程和结果分析的重点不同。研究者在主体部分进行陈述时,最好把整个实验的过程分为几个明确的阶段,如,在实验的前期准备阶段,根据研究目的采用某种抽样方法确定实验对象的总体和样本,对实验中自变量、因变量和无关变量的确定,人员的构成和分配等。在实验的进行阶段,如何对实验因素进行控制,怎么测定自变量与项目变量,是否根据具体条件的限制对原有计划进行了修改等。在实验的总结阶段,将实验中搜集到的数据和资料进行统计处理,对统计使用的方法、统计的结果、数据分析情况进行阐述。可以先运用条形图、折线图、饼状图或者表格将统计的数据进行呈现,再解释数据背后的原因。也可以一边陈列数据,一边分析。讨论实验的结果是否验证了先前提出的假设,是否能经过理论上的分析和论证,还存在哪些问题可以进行进一步的研究。

自然科学的实验报告与教育实验报告存在着很大不同。自然科学的实验研究是在实验室内严密控制条件下进行的,尤其强调条件变化带来数据之间的细微差距。而教育实验多半是"准实验"研究,是基于自然状况下的有条件的控制,数据具有模糊性,也更具有普适性。因而在分析结果时,教育研究可以将事例和数据相结合,从而更具能动性和灵活性。

3. 经验总结报告

在教育教学实践中,经过实践者去粗取精、去伪存真的积极探索,日积月累生成了很多丰富且有极大价值的经验,对这些经验进行系统化、理论化的书面总结即成经验总结报告。经验总结报告的基本结构大体有以下几部分。

(1) 题目。

题目可以是既定的科研项目,即专题经验总结;也可以是对某一阶段(如一学期、一学年等)全部工作的回顾。一般用成效较大、印象较深且富有新意的东西来确定总结的题目。

(2) 引言。

引言没有固定的表达方式,大多数以凝练简洁的语言交代本篇经验总结的背景、写作目的、取得的主要成绩等,使读者一开始就判断出有无参考价值。

(3) 正文。

围绕经验总结的主题组织材料,可在文中设小标题,但要注意所叙述的若干个问题的内在联系。经验总结既要有典型的事例,又要通过分析研究,加以理论概括,做到内容生动,有理有据,说理性强,使人在思想上受到启迪,工作上可资借鉴。

(4) 结尾。

结尾是经验总结的精髓和结晶。它是通过正文的典型材料及其分析而概括出的结论,是从大量具体事实中找出的规律性东西,它应反映作者的独到见解。

第三节 教育研究结果表述的一般步骤

"研究结果的表述过程,是一个复杂的理性认识过程,而不是对研究结果的简单记录、对教育活动的机械反映。"①不同的研究报告和研究论文由于受到研究目的、研究对象、研究方法和研究者自身的条件限制,所以不必完全照搬规定的步骤,而是在坚持一定基本原则的基础上根据需要进行调整,有所取舍、有所改良。研究结果表述的一般步骤包括以下几个方面。

一、列出大纲

确定好研究成果的题目后,研究结果的总观点就基本确定下来了。研究者要对如何呈现自己的研究资料进行大体规划,按照一条主线布局。文章的主要内容是什么,大体分哪几个部分,先写什么后写什么,材料呈现时的先后顺序是什么,等。我们要摒弃如下一些做法:文不对题,论点和论据不匹配;思路冗杂,呈现数据重复或者赘余;要么没有理论分析,要么全篇都是理论的堆砌;提出了诸多问题,也列举了很多论据,但是对最后研究结论的形成并无助益,有结果但无结论等。因此,研究者要具备撰写文章的基本知识和技巧,要具备对研究深度、广度的分析性认识,在正式写论文之前制定科学合理的论文提纲,做到"心中有数",保证各级内容之间逻辑严密,思路清晰。

二、起草初稿

在对行文的大体布局有所掌握之后,研究者可以开始撰写自己的研究结果初稿。撰写初稿的重点是,把握住主体,不要太过纠结文章的细节问题,沿着线索尽量"一气呵成",不要中断行文的思路。在对结果的表述过程中,一是要注意引用材料的准确性。在借鉴或者使用他人成果为自己的研究结论做注解时,要注意适度性,不能超过规定的要求,并且要将引用的出处仔细标示清楚。而在罗列数据时,也要注意反复核实,实事求是、不弄虚作假。二是要秉持客观性的原则。研究者不能为证明自己假设的正确性而随意改动研究的数据,要尽可能避免自己的价值态度对研究产生消极影响。

三、修改定稿

修改定稿是研究成果写作的最后一环,主要是为了修缮初稿的细节,通过回顾、增补、修改使研究成果日臻完善。这个过程包括自改、他人修改、小组修改等几种形式。初稿形成后,作者不必急于修改,一般可以放置几天之后进行自我批判性地回顾。主要是针对内容和格式两方面进行修改:内容上,是否全面,有没有遗漏或者混乱的陈述,各部分布局是否合理,数据呈现有没有明显的错误;格式上,是否符合研究结果表述的规范,图表的绘制和格式是否准确,注释和参考文献有无错误等。在自我修改后,还可以把初稿呈

---

① 杨小微.教育研究方法[M].北京:人民教育出版社,2005:228.

给有经验的同行和专家进行修改。"当局者迷",来自旁人的建议往往更加具有客观性。总而言之,一篇论文或研究报告往往要几易其稿,修改沉淀加工多次,才能得以最终完成。

第四节　教育研究结果的评估与推广

一、教育研究结果的评估

评估教育研究的结果,是从资格鉴定和价值判断两个角度肯定某项教育研究的意义和有效性,从而能够让社会和其他研究者了解本项研究,并且方便研究者接受同行和社会的评价并加以改进,促进研究结果在一定范围内得到广泛的认可和传播。

教育研究成果的评价工作包括两个方面的内容。

1. 教育研究成果的资格鉴定

第一,考虑教育研究的课题。

评价一个教育研究是否符合资格,第一就是要评价研究的课题是否符合要求、逻辑严密、比较清晰和准确地反映研究的主要内容。一个好的研究课题要有具体性、可行性、创新性,可以从基础教育的热点问题入手,但一定要结合日常的实践。不能光有"花架子"和"好看的帽子"。

第二,审查教育研究过程。

研究者在对研究结果的主体内容进行撰写时,要做到层次分明、观点全面,应符合教育研究的标准。在整个教育研究过程中,应能够基于科学的教育发展规律,从研究问题的分解、研究设计到搜集资料,从研究方法的使用规则,到测量工具设计的科学、恰当,每个环节都要仔细斟酌。如根据研究目的恰如其分地运用调查法、实验法、观察法等展开研究,运用教育的规律和理论合理地进行分析。

第三,分析教育研究的结论。

结论应能够根据研究的数据材料有理有据的进行,具有创新性和进步性,并且能够解释研究前提出的假设或实现相关计划,达成研究目的。这体现在研究成果能否立足于研究掌握的数据或材料进行科学有效的分析,占有的材料是否客观详实,研究者的分析是否公正客观,是否摒弃个人的主观消极因素。

2. 教育研究成果的价值判断

除了对教育研究的成果进行资格鉴定,还要评价其对社会和人的发展产生的作用,从理论和实践两方面进行价值判断。

理论价值,主要是指教育研究的成果能够对现有的教育理论进行修正和重构,填补了某些领域的空白,从而使教育知识不断扩充完善,提高了人们的认识。应用价值,主要是针对现有教育实践中产生的问题能够提出解决措施,探索新的教育科研工作思路,真正发挥教育科研服务教育实践的作用。

3. 教育研究成果的评价标准

对教育科研成果的评价,既要考虑其自身的科学性、逻辑性和实践性,同时也要考虑撰写论文的表达水平,即论文的可读性。因此在进行具体评价时,应该全面考虑多方面的因素。如表 10-1 中,列出了各个评价项目及其标准,可供参考。[①]

表 10-1　教育科研成果评价表

评价项目	权重	评价标准	评价等级			
			A 95分	B 80分	C 65分	D 50分
分项评价	科学性	0.25	1. 选题符合客观实际,理论依据正确; 2. 研究方案周密; 3. 研究方法科学; 4. 研究资料可靠; 5. 论证、推理合乎逻辑。				
	创造性	0.25	1. 提出新理论、观点、概念,论证成立; 2. 对已有理论做出新的解释、论证,使原有理论深化; 3. 探索出事物的新规律,深化了理论认识; 4. 纠正原有理论、概念原理的错误; 5. 对学术界争鸣的问题发现了新资料、提出了新见解,使问题有所突破,并得到学术界的认可; 6. 填补某项科学空白,具有国内、国际意义。				
	学术性	0.20	1. 具有比较完备的理论体系和概念系统; 2. 对已有知识进行了充实,使之条理化、系统化; 3. 对事物之间的关系进行了较深入的分析,初步说明了事物的本质,得出某些新结论; 4. 对已有的研究方法或技术有所突破。				
	实践性应用性	0.20	1. 研究成果为有关教育部门决策与管理提供参考依据,具有很高的实用价值; 2. 研究成果形成了可操作方法,实用性强,具有一定的推广价值; 3. 省内、国内学术界同行反映强烈,具有较高的引用率。				
	规范性	0.10	1. 文字准确、精炼、深入浅出、通俗易懂; 2. 主题明确,重点突出;结构严谨,层次分明;推理清楚,论证充分。				

---

① 华国栋.教育科研方法[M].南京:南京大学出版社,2001:313.

一般地，完整的评价过程要包括研究者自己的评价、同行专家的论证甚至行政部门的审批三级评价。而对于在校学生来说，科研成果也应达到这些评价水平，在具体的评价过程中可以将自我评价与同学互评、导师评价等相结合，采用多元评价的方式保证科研成果的科学性和周密性。

二、教育研究结果的推广

教育研究结果的推广，主要通过定期对研究者的研究成果进行交流、举行讲座、教研学习、网络学习、地方组织教育培训等方式进行。教育研究结果的推广对加大群体内部的有效沟通，推动教学观念的转变，探索新的现代教育模式，促进教育教学改革，形成教育合力都具有非常积极的意义。

1. 教育研究结果的效度

教育研究活动是有目的的探索活动，其结果的有效性还要审查研究符合实际情况的程度，即研究的效度。效度分为内在效度和外在效度两种，研究的效度影响着研究结果的推广。

内在效度关注的是研究结论的准确性，如实验设计中自变量与因变量的相关性，如果不能准确地加以解释就不能得到有效的推广。举一个例子，某项实验研究目的是探究某种新教材的使用效果，样本选取的是某位教师任教的两个平行班，两班条件类似。在这个实验中，唯一的变量是新旧教材的使用，其他因素的影响要排除在外。如果样本选取的是这个学校里该年级的任意两个班级，就无法区别实验的结果是由于新旧教材的影响还是不同任课教师的影响引起的。该研究本身就存在问题，得到的不是经过严密验证的结论，就无法进行推广。

外在效度是基于样本总体、条件等方面的代表性，从而使结论在一定范围内具有普遍性，使得结论适合进行推广。例如，某大学的研究者想调查本市家庭藏书量对学生学习成绩的影响情况。在选择样本时，采用了方便取样，主要集中于大学附近家庭经济情况良好的学生，而较少涉及市郊农村学生，那么该项研究的成果就只能在市中心区学校学生群体中推广，对城乡接合部和农村学生来说就得不到有效验证，无法推广到该市的所有地区。

2. 教育研究结果推广的方式

首先，对于地方教育主管部门来说，要积极开展教科研的工作指导。上级教研部门要注意加强与各地学校的联系，响应国家和地方的教育改革要求，出台本地区内的教研评价和奖励制度。地方教研室要牵头开展教研工作，鼓励各校开展校本教研，将上报的结题材料、获奖的课题和课件、学校开发的校本课程进行归档处理；并根据各校的研究情况和进度，将各校开展的研究结果及时汇总整理，给予一定程度的技术和资金支持。同时,引导地方大学和小学展开充分的合作,形成学习发展共同体,以促进本地教育政策和改革的科学进行。

其次,对于学校层面来说,要针对小学、大学不同的学校类型,定期开展符合学校特色的内部教育研讨活动。一方面,小学应与地方教育部门、兄弟学校加强联系,鼓励、支持青年教师外出观摩;安排专人组成教研组,专门负责学校的教育教研活动,鼓励各科教研小组根据本学科教学的实践工作积极展开调研;举办优秀课题的展示讨论会,并邀请与会教师和专家对课题的修改和推广提出建议;推选出几个优秀的研究成果作为典型在全校范围内推广,对优秀作品给予校级优秀课题的奖励,并积极上报优秀成果;建立批评发展机制和评价机制,促进教育科研持续健康地发展和推广。另一方面,地方大学要充分发挥专业引领作用,有意识地与小学展开联合,进行人员互换:大学定期输送学生到岗实习、实地调研,并匹配优秀教师进行指导;中小学则选派年轻骨干进入大学进修教育研究方法等课程,并按照培训效果给予相应评价,将其作为资格审核的有力依据之一;高校专家对小学教师的教研工作进行指导,并召开专门的科研评比会议,考鉴研究课题的理论价值和实践价值,鼓励师范生与小学教师一起进行研究活动。

最后,对于参与教育研究的个体来说,已经从事教学工作的教师和在读的准教师们都应积极参与学校和地方举办的各种学习交流活动,主动与同行(同学)交流研究的经验与得失,对自己的教育工作进行后续研究;在参与教研评价时,本着公正客观的态度,从定性和定量等几个方面对他人的研究成果进行评价,并给出恳切的建议;积极申报学校和地市的课题,积极参与到学校组织的优秀课题推广的培训工作中,力争公开发表科研论文以推介自己的研究成果。

通过各层次的教科研交流,科研群体和每个研究者潜在的研究能力被最大限度地挖掘出来,在更高程度上实现了优势互补、资源共享,形成多层次、多方面的科研格局,从而促进我国教育研究工作朝着健康、科学、正规的方向发展。

 知识要点

1. 学术论文的基本结构。
2. 学位论文的基本结构。

思考与练习

1. 结合自己的专业和兴趣撰写一篇学术论文。
2. 自己动手查阅一篇调查报告或实验报告,交流其结果表述的方式。

附录一：

学术论文中常使用的两种标题层级

第一种	第二种
第一章×××	1×××
第一节×××	1.1×××
一、×××	1.1.1×××
（一）×××	1.1.1.1×××
1.×××	1.1.1.1.1×××
（1）×××	1.1.1.1.1.1×××

附录二：

《中国学术期刊（光盘版）检索与评价数据规范》
参考文献著录格式

一、参考文献是对期刊论文引文进行统计和分析的重要信息源之一，在本规范中采用 GB 7714 推荐的顺序编码制编排。

二、参考文献著录项目

 a. 主要责任者（专著作者、论文集主编、学位申报人、专利申请人、报告撰写人、期刊文章作者、析出文章作者）。多个责任者之间以","分隔，注意在本项数据中不得出现缩写点"."。主要责任者只列姓名，其后不加"著""编""主编""合编"等责任说明。

 b. 文献题名及版本（初版省略）。

 c. 文献类型及载体类型标识。

 d. 出版项（出版地、出版者、出版年）。

 e. 文献出处或电子文献的可获得地址。

 f. 文献起止页码。

 g. 文献标准编号（标准号、专利号……）。

三、参考文献类型及其标识

1. 根据 GB 3469 规定，以单字母方式标识以下各种参考文献类型：

参考文献类型	专著	论文集	报纸文章	期刊文章	学位论文	报告	标准	专利
文献类型标识	M	C	N	J	D	R	S	P

2. 对于专著、论文集中的析出文献，其文献类型标识建议采用单字母"A"；对于其他未说明的文献类型，建议采用单字母"Z"。

3. 对于数据库（database）、计算机程序（computer program）及电子公告（electronic bulletin board）等电子文献类型的参考文献，建议以下列双字母作为标识：

电子参考文献类型	数据库	计算机程序	电子公告
电子文献类型标识	DB	CP	EB

4. 电子文献的载体类型及其标识

对于非纸张型载体的电子文献，当被引用为参考文献时需要在参考文献类型标识中同时标明其载体类型。本规范建议采用双字母表示电子文献载体类型：磁带（magnetic tape）——MT，磁盘（disk）——DK，光盘（CD-ROM）——CD，联机网络（online）——OL，并以下列格式表示包括了文献载体类型的参考文献类型标识：

［文献类型标识/载体类型标识］

如：［DB/OL］——联机网上数据库（database online）

［DB/MT］——磁带数据库（database on magnetic tape）

［M/CD］——光盘图书（monograph on CD-ROM）

［CP/DK］——磁盘软件（computer program on disk）

［J/OL］——网上期刊（serial online）

［EB/OL］——网上电子公告（electronic bulletin board online）

以纸张为载体的传统文献在引作参考文献时不必注明其载体类型。

四、文后参考文献表编排格式

参考文献按在正文中出现的先后次序列表于文后；表上以"参考文献："（左顶格）或"［参考文献］"（居中）作为标识；参考文献的序号左顶格，并用数字加方括号表示，如[1]、[2]、…，以与正文中的指示序号格式一致。参照 ISO 690 及 ISO 690-2，每一参考文献条目的最后均以"."结束。各类参考文献条目的编排格式及示例如下：

a. 专著、论文集、学位论文、报告［序号］主要责任者. 文献题名［文献类型标识］. 出版地：出版者，出版年. 起止页码（任选）.

[1] 刘国钧，陈绍业，王凤翥. 图书馆目录［M］. 北京：高等教育出版社，1957. 15—18.

[2] 辛希孟. 信息技术与信息服务国际研讨会论文集：A 集［C］. 北京：中国社会科学出版社，1994.

[3] 张筑生. 微分半动力系统的不变集［D］. 北京：北京大学数学系数学研究所，1983.

[4] 冯西桥. 核反应堆压力管道与压力容器的 LBB 分析［R］. 北京：清华大学核

能技术设计研究院,1997.

b. 期刊文章

[序号] 主要责任者. 文献题名[J]. 刊名,年,卷(期):起止页码.

[5] 何龄修. 读顾城《南明史》[J]. 中国史研究,1998,(3):167—173.

[6] 金显贺,王昌长,王忠东,等. 一种用于在线检测局部放电的数字滤波技术[J]. 清华大学学报(自然科学版),1993,33(4):62—67.

c. 论文集中的析出文献

[序号] 析出文献主要责任者. 析出文献题名[A]. 原文献主要责任者(任选). 原文献题名[C]. 出版地:出版者,出版年. 析出文献起止页码.

[7] 钟文发. 非线性规划在可燃毒物配置中的应用[A]. 赵玮. 运筹学的理论与应用——中国运筹学会第五届大会论文集[C]. 西安:西安电子科技大学出版社,1996. 468—471.

d. 报纸文章

[序号] 主要责任者. 文献题名[N]. 报纸名,出版日期(版次).

[8] 谢希德. 创造学习的新思路[N]. 人民日报,1998—12—25(10).

e. 国际、国家标准[序号] 标准编号,标准名称[S].

[9] GB/T 16159—1996,汉语拼音正词法基本规则[S].

f. 专利

[序号] 专利所有者. 专利题名[P]. 专利国别:专利号,出版日期.

[10] 姜锡洲. 一种温热外敷药制备方案[P]. 中国专利:881056073,1989—07—26.

g. 电子文献

[序号] 主要责任者. 电子文献题名[电子文献及载体类型标识]. 电子文献的出处或可获得地址,发表或更新日期/引用日期(任选).

[11] 王明亮. 关于中国学术期刊标准化数据库系统工程的进展[EB/OL]. http://www.cajcd.edu.cn/pub/wml.txt/980810-2.html,1998-08-16/1998-10-04.

[12] 万锦坤. 中国大学学报论文文摘(1983—1993). 英文版[DB/CD]. 北京:中国大百科全书出版社,1996.

h. 各种未定义类型的文献

[序号] 主要责任者. 文献题名[Z]. 出版地:出版者,出版年.

后 记

教育研究方法本身是一门体系庞杂、内容丰富的实用性学科。它的任务主要是阐述教育研究方法方面的基本知识、基本原理和基本技术。《小学教育研究方法》则是针对小学教育方向专业硕士和小学一线教师的"研究方法",旨在向他们介绍教育研究方法的核心内容和实用技能。操作性强是教育研究方法类课程的基本特征,也是本教材的重要特点。本书在各种研究方法的分析中多配以案例解析,而在某些章节后的附录部分,也安排了相应的研究案例,加深读者对内容的理解,并利于实践操作。当然,我们也不奢望读者通过这一本书就能掌握所有的方法和技能,引导大家思考并学会选择相应的方法努力去实践才是本书的目的。

我国自2009年开始面向应届本科毕业生招收全日制教育硕士研究生,学制两年,其目的是培养具有扎实理论基础,并适应特定行业或职业实际工作需要的应用型高层次专门人才。其中非常重要的一条培养目标就是"注重理论联系实际,引导和促进研究生研究教育实践问题的意识和能力"。小学教育专业硕士是要培养"未来的名师",扎实的教育理论基础、丰富的儿童心理知识、较高的方法素养、切实的班级管理技巧等,都必须齐头并进。其中,"研究教育实践问题的意识和能力"是这些准教师在日后教育工作中"站得高、望得远、钻得深"的保证。所以,我们希望通过本教材的学习,能够帮助小学教育专业硕士在学习专业知识基础上,逐步培养起教育研究方法的意识,掌握教育研究方法的基础知识及应用技能,能在研究实践中运用教育研究的具体方法,不断提高应用教育理论研究和解决有关教育实践问题的能力。

本教材在编写时为了解释有关的研究方法,同时为了方便读者理解与学习,用了丰富的研究案例作为辅助。凡是引用的部分我们都注明了出处,在此我们向所有研究者专诚致谢。感谢北京大学出版社的李淑方和唐知涵老师,给予我们耐心和信任,让本书得以完成。整本书由王红艳统筹统稿,由数位小学教育专业导师和小学一线教师(皆为小学教育专业硕士毕业)合作完成,各章分工如下:王红艳,第三章、第四章和第五章;张靖晨,第一章和第十章;刘晨吉,第二章和第六章;马新茗,第七章;王紫婷,第八章和第九章。一本好的教材是介绍知识、启发思想的载体,也是编者与用者相互了解切磋的平台,所以我们诚挚欢迎小学教育专业的广大师生和其他读者提出宝贵意见,帮助我们及时修正,不断提高教材的质量与水平。